A BANALIZAÇÃO DA INJUSTIÇA SOCIAL

A BANALIZAÇÃO DA INJUSTIÇA SOCIAL

Christophe Dejours

Tradução Luiz Alberto Monjardim

7ª edição

FUNDAÇÃO GETULIO VARGAS
EDITORA

ISBN — 85-225-0266-8

Copyright © Editions du Seuil, 1998

TÍTULO DO ORIGINAL: Souffrance en France; la banalisation de l'injustice sociale

Direitos desta edição reservados à
EDITORA FGV
Rua Jornalista Orlando Dantas, 37
22231-010 — Rio de Janeiro, RJ — Brasil
Tels.: 0800-021-7777 — 21-3799-4427
Fax: 21-3799-4430
e-mail: editora@ fgv.br — pedidoseditora@fgv.br
web site: www.fgv.br/editora

Impresso no Brasil / *Printed in Brazil*

Todos os direitos reservados. A reprodução não autorizada desta publicação, no todo ou em parte, constitui violação do copyright (Lei nº 9.610/98). É vedada a reprodução total ou parcial desta obra.

1ª edição — 1999; 2ª edição — 1999; 3ª edição — 2000; 4ª edição — 2001; 5ª edição — 2003; 6ª edição — 2005; 7ª edição — 2006; 1ª e 2ª reimpressões — 2007; 3ª reimpressão — 2008; 4ª reimpressão — 2009; 5ª reimpressão — 2010; 6ª reimpressão — 2011; 7ª reimpressão — 2012; 8ª reimpressão — 2013; 9ª reimpressão — 2014; 10ª reimpressão — 2015; 11ª reimpressão — 2017; 12ª reimpressão — 2019; 13ª reimpressão — 2021; 14ª reimpressão — 2023.

REVISÃO: Aleidis de Beltran e Fatima Caroni

CAPA: Inventum Design e Soluções Gráficas

      Ficha catalográfica elaborada pela Biblioteca
          Mario Henrique Simonsen/FGV

Dejours Christophe

  A banalização da injustiça social / Christophe Dejours; tradução de Luiz Alberto Monjardim. — reimpressão — Rio de Janeiro : Editora FGV, 2007.

  160p.

  Inclui bibliografia e índice.

  1. Justiça social. 2. Normas sociais. 3. Trabalho. 4. Capitalismo — Aspectos morais e éticos. I. Fundação Getulio Vargas. II. Título.

CDD – 301.55

"A fúria não é de modo nenhum uma reação automática diante da miséria e do sofrimento em si mesmos; ninguém se enfurece com uma doença incurável ou um tremor de terra, ou com condições sociais que pareçam impossíveis de modificar. A fúria irrompe somente quando há boas razões para crer que tais condições poderiam ser mudadas e não o são. Só manifestamos uma reação de fúria quando nosso senso de justiça é injuriado; tal reação em absoluto não se produz por nos sentirmos pessoalmente vítimas da injustiça, como prova toda a história das revoluções, nas quais o movimento começou por iniciativa de membros das classes superiores, conduzindo à revolta dos oprimidos e miseráveis."

Hannah Arendt, *Crises of the Republic*, 1969.

Sumário

Agradecimentos   11

Prefácio   13

Capítulo 1:   **Como tolerar o intolerável?**   19

Capítulo 2:   **O trabalho entre sofrimento e prazer**   27

    1. O medo da incompetência   29

    2. A pressão para trabalhar mal   31

    3. Sem esperança de reconhecimento   33

    4. Sofrimento e defesa   35

Capítulo 3:   **O sofrimento negado**   37

    1. A negação pelas organizações políticas e sindicais   37

    2. Vergonha e inibição da ação coletiva   40

    3. Surgimento do medo e submissão   46

    4. Da submissão à mentira   52

Capítulo 4:   **A mentira instituída**   61

    1. A estratégia da distorção comunicacional   61

    2. A mentira propriamente dita   64

    3. Da publicidade à comunicação interna   65

    4. O apagamento dos vestígios   66

	5. A mídia da comunicação interna	68
	6. A racionalização	70
Capítulo 5:	A aceitação do "trabalho sujo"	73
	1. As explicações convencionais	73
	2. A explicação proposta: a valorização do mal	76
	3. O recurso à virilidade	81
Capítulo 6:	A racionalização do mal	87
	1. A estratégia coletiva de defesa do "cinismo viril"	87
	2. A ideologia defensiva do realismo econômico	90
	3. O comportamento das vítimas a serviço da racionalização	92
	4. A ciência e a economia na racionalização	94
	5. "Trabalho sujo", banalidade do mal e apagamento dos vestígios	95
Capítulo 7:	Ambiguidades das estratégias de defesa	97
	1. A alienação	97
	2. Virilidade *versus* trabalho	102
	3. Reflexão sobre as estratégias coletivas de defesa	103
	4. Reversibilidade das posições de carrasco e de vítima	104
	5. Reflexão sobre o mal	106
Capítulo 8:	A banalização do mal	109
	1. Banalidade e banalização do mal	109
	2. O caso Eichmann	111
	3. Análise das condutas de Eichmann do ponto de vista psicológico	114

4. Análise das condutas de Eichmann do ponto
de vista da psicodinâmica do trabalho ... 118

5. A estratégia defensiva individual dos
"antolhos voluntários" ... 120

6. Limites das estratégias defensivas e crise
psicopatológica ... 123

7. Banalização do mal: a articulação dos
estágios do dispositivo ... 124

Capítulo 9: Requalificar o sofrimento ... 129

1. A virilidade contra a coragem ... 129

2. Desbanalizar o mal ... 133

Capítulo 10: Sofrimento, trabalho, ação ... 137

Bibliografia ... 147

Índice temático ... 155

Índice de autores ... 157

Agradecimentos

Este livro foi concebido após um debate num grupo de trabalho dirigido por Patrick Pharo no Cerses (Centre d'Études et de Recherche: Sens, Éthique et Société — EHESS)

Quero agradecer primeiramente aos membros desse grupo: Simone Bateman-Novaes, Luc Boltanski, Véronique Nahoum-Grappe, Ruwen Ogien e Daniel Vidal. Quero agradecer também aos meus colegas do Laboratório de Psicologia do Trabalho do Conservatório Nacional de Artes e Ofícios, com quem venho dialogando há vários anos. Muitas das ideias deste livro me vieram do convívio com outros pesquisadores cujos nomes não poderiam ser todos mencionados aqui, mas que em sua maioria foram citados no texto. Graças à generosidade de Patrick Pharo e Alain Cottereau, pude elucidar pontos essenciais da análise apresentada neste texto, pelo que lhes sou profundamente reconhecido. Todos me prestaram ajuda inestimável, mas fique claro que sua boa vontade não deve ser considerada nenhuma espécie de fiança intelectual. Por fim, quero expressar toda a minha gratidão a Virginie Hervé e Danièle Guilbert.

Prefácio

Encontra-se largamente difundida a ideia de que paira sobre nosso país[1] uma ameaça de derrocada econômica. Até mesmo cientistas e pensadores admitem que, sendo a situação excepcionalmente grave, é preciso aceitar recorrer a meios drásticos, sob risco de fazer algumas vítimas.

Portanto, estaríamos hoje a acreditar em tais rumores, numa conjuntura social que apresenta muitos pontos em comum com uma situação de guerra. Com a diferença de que não se trata de um conflito armado entre nações, mas de uma guerra "econômica", na qual estariam em jogo, com a mesma gravidade que na guerra, a *sobrevivência* da nação e a garantia da *liberdade*. Nada menos que isso!

É em nome dessa justa causa que se utilizam, *larga manu*, no mundo do trabalho, métodos cruéis contra nossos concidadãos, a fim de excluir os que não estão aptos a combater nessa guerra (os velhos que perderam a agilidade, os jovens mal preparados, os vacilantes...): estes são demitidos da empresa, ao passo que dos outros, dos que estão aptos para o combate, exigem-se desempenhos sempre superiores em termos de produtividade, de disponibilidade, de disciplina e de abnegação. Somente sobreviveremos, dizem-nos, se nos superarmos e nos tornarmos ainda mais eficazes que nossos concorrentes. Essa guerra travada sem recurso às ar-

---

[1] A análise apresentada neste livro não é válida somente para a França. Ao que eu saiba, ela serve para outros países da Europa e das Américas do Norte e do Sul (em particular o Brasil). Porém, os argumentos empíricos foram tirados principalmente de sondagens feitas na França, de modo que, a rigor, só posso defender a demonstração para esse país. Cabe aos leitores que não moram na França confirmar essa análise ou indicar as adaptações a serem feitas para levar em conta os dados específicos a cada país.

mas (pelo menos na Europa) implica no entanto sacrifícios individuais consentidos pelas pessoas e sacrifícios coletivos decididos em altas instâncias, em nome da razão econômica.

Nessa guerra, o fundamental não é o equipamento militar ou o manejo das armas, mas o desenvolvimento da *competitividade*.

Em nome dessa guerra — da qual não se diz que seja santa, embora às vezes se cochiche que é uma "guerra sã" — admite-se atropelar certos princípios. O fim justificaria os meios.

A guerra sã é antes de tudo uma guerra pela saúde (das empresas): "enxugar os quadros", "tirar o excesso de gordura" (Alain Juppé), "arrumar a casa", "passar o aspirador", "fazer uma faxina", "desoxidar", "tirar o tártaro", "combater a esclerose ou a anciloseˮ etc., eis algumas expressões colhidas aqui e ali na linguagem corrente dos dirigentes.

É sabido que os tratamentos higiênico-dietéticos são dolorosos, assim como as intervenções cirúrgicas, e para eliminar o pus é preciso lancetar ou extrair o abcesso, não é mesmo? As metáforas médico-cirúrgicas são particularmente apropriadas para justificar as decisões de remanejamento, rebaixamento, marginalização ou dispensa, que causam às pessoas sofrimentos, aflições e crises de que são testemunhas compulsórias os psiquiatras e assistentes sociais. "À la guerre comme à la guerre", ou seja, "é preciso aceitar os inconvenientes que as circunstâncias impõem (ver resignação)", ou ainda, "a guerra justifica os meios", eis o que diz, a propósito, o dicionário *Robert*. Nessa guerra, porém, só há vítimas individuais ou civis. Fazer a guerra não tem por objetivo unicamente defender a própria segurança e sobreviver à tormenta. Para o empresário, a guerra consiste em polir as armas de uma competitividade que lhe possibilite vencer os concorrentes: forçá-los a bater em retirada ou levá-los à falência.

A cada semana, essa guerra econômica destrói mais empresas. As pequenas e médias empresas, mais vulneráveis do que as grandes, são particularmente atingidas, mas também os gigantes — que lucram, às vezes por muito tempo, com a eliminação de seus concorrentes menores — não estão a salvo da derrota. Assim é que as grandes empresas, por sua vez, se veem condenadas a capitular sem condições, quando não é o caso de seus dirigentes preferirem fugir *in extremis* (levando os móveis) ou "passar para o lado inimigo" (traindo sua empresa e entregando sua clientela à concorrência segundo um procedimento pouco elegante porém bastante difundido).

Na verdade, essa guerra econômica causa estragos, inclusive entre os mais ardentes defensores de um liberalismo sem peia. Nessa guerra "sã", como em tantas outras guerras consideradas malsãs, há desperdícios e prejuízos absurdos. Os analistas que se debruçam sobre esse entusiasmo irrefletido e deletério, inclusive na comunidade científica, ficam chocados com o absurdo de alguns desses combates fratricidas entre concorrentes. Alguns especialistas enviam sinais de alarme. A ineficácia de seus apelos os leva a suspeitar que certos atores do drama estão conduzindo as coisas às cegas. Donde concluem que sua missão como estudiosos consistiria sobretudo em esclarecer os dirigentes de empresas e os dirigentes políticos, como se uma explicação racional os convencesse prontamente a agir de outra forma.

Não partilho dessa opinião. Minha experiência junto aos dirigentes me diz, aliás, que eles estão cientes dos riscos que correm, mas que, em sua maioria, não querem mudar de rumo. Por quê? Porque contam que, nessa guerra, seus adversários serão os primeiros a se esgotar, e então eles reinarão na paz restabelecida. E, de fato, é dessa felicidade que gozam desde já alguns vencedores. Essa guerra tem beneficiários, não há dúvida, que desfrutam de uma prosperidade e de uma riqueza que os demais admiram e invejam. Muitos são os dirigentes de empresas e os líderes políticos que reclamam ainda mais liberalismo, contando daí tirar vantagens na guerra econômica contra seus concorrentes. Contudo, cabe esperar que alguns deles não ficarão insensíveis às questões que serão levantadas neste livro. Aliás, pode-se mesmo adiantar que alguns deles saberão se servir de parte da argumentação apresentada para conduzir o debate no seio da comunidade a que pertencem.

Porém este livro não tem a ambição de influenciar diretamente as decisões da parcela dominante dos dirigentes, cujas convicções neoliberais são lógicas e compreensíveis. Estas, aliás, são aceitas, se não partilhadas, pela maioria dos cidadãos europeus. Por isso as posturas e as decisões de nossos dirigentes são legais e talvez legítimas. O que não impede que a denúncia dessas escolhas e dessas decisões venha a manifestar-se aqui e ali, por vezes com a mesma eloquência (Forrester, 1996). Mas a denúncia nem sempre é de grande utilidade, na medida em que, não propondo alternativa viável, permanece pouco convincente e pouco mobilizadora.

Nem resignação nem denúncia: a análise a ser desenvolvida neste livro parte de um ponto de vista bem diferente. Reconhece, antes de tudo, que os partidários da guerra sã estão vencendo nos últimos 15 anos, e que na batalha há mais vencidos — ninguém o nega — do que vencedores. Assim, proponho deslocar o eixo da investigação. Se há vencedores, e se a guerra prossegue, é porque a máquina de guerra que foi acionada funciona. E funciona admiravelmente bem, isso é incontestável. Mas por que a máquina de guerra funciona tão bem assim?

Há duas respostas possíveis, mas só a primeira é levada em consideração nas análises abalizadas:

- A guerra começou e se prolongou porque era inevitável. Ela se autoengendrou e se autorreproduziu em virtude da lógica interna do *sistema*: por sistema entenda-se o sistema econômico mundial, o mercado. Essa guerra seria de algum modo natural, isto é, resultaria de leis inevitáveis, as quais a ciência econômica elucida. Estas teriam *status* de leis *naturais* — inscritas na ordem do universo, além da vontade de homens e mulheres — ou mesmo de leis pertencentes ao "celestial", no sentido aristotélico do termo.

- A outra resposta, raramente formulada (Ladrière & Gruson, 1992), consiste em admitir a existência de leis econômicas, tidas porém como leis *instituídas*, isto é, construídas pelos homens, ou ainda como leis do "sublunar", também no sentido aristotélico do termo. Sublunar: o mundo situado abaixo da Lua, isto é, o mundo habitado pelos humanos, onde a evolução das conjunturas é sensível às decisões e ações humanas (à diferença do mundo dos astros e da matéria, regido pelas leis eternas da física e da natureza).

Nessa perspectiva, a guerra sã não teria origem unicamente na natureza do sistema econômico, no mercado ou na "globalização", mas nas condutas humanas. Que a guerra econômica seja desejada por certos dirigentes nada tem de enigmático, e, como eu já disse antes, não creio que ela resulte de uma cegueira, mas de um cálculo e de uma estratégia. Que a máquina de guerra funcione, por sua vez, pressupõe que todos os outros (os que não são "decisores"), ou pelo menos a maioria deles, contribuem para seu funcionamento, sua eficácia e sua longevidade, ou, em todo caso, que não a impedem de continuar em movimento.

A partir desse ponto da discussão, não se trata de procurar compreender a lógica econômica, mas, ao contrário, de pôr de lado essa questão, para concentrar o esforço de análise nas condutas humanas que produzem essa máquina de guerra, bem como nas que levam a consentir nela e mesmo submeter-se a ela.

A maquinaria da guerra econômica não é, porém, um *deus ex machina*. Funciona porque homens e mulheres consentem em dela participar maciçamente.

A questão central deste livro é, para usar a expressão de Alain Morice (1996), a das *"motivações subjetivas da dominação": por que uns consentem em padecer sofrimento, enquanto outros consentem em infligir tal sofrimento aos primeiros?*

Este livro é uma tentativa de analisar essa difícil questão, que considero uma questão política crucial. Ela é fundamental para a época atual, mas não é apanágio desta. Vale para todas as épocas do sistema econômico liberal, passado, presente e futuro.

Tal tentativa tem essencialmente uma orientação teórica. Embora inspirada e fundamentada em pesquisas empíricas iniciadas há 25 anos, a orientação da reflexão é teórica, porquanto não existe, ao que me parece, resposta política para a noção de "guerra econômica" sem novo aporte conceitual. Se uma crise política e social vier a desencadear-se em futuro próximo, ela poderá extinguir-se ou favorecer uma saída ainda mais reacionária, por falta de matéria conceitual capaz de sustentar a deliberação e a ação com vistas a controlar ou subverter a maquinaria de guerra econômica.

Se essa maquinaria continua a mostrar seu poderio é porque consentimos em fazê-la funcionar, mesmo quando isso nos repugna. *Mesmo quando isso nos repugna!* Por quê? As motivações subjetivas do consentimento (isto é, derivadas do sujeito psíquico) têm aqui um papel que considero decisivo, se não determinante. Pelo menos é isso que mostram as pesquisas sobre o sofrimento no trabalho de que falaremos mais adiante. É por intermédio do sofrimento no trabalho que se forma o consentimento para participar do sistema. E quando funciona, o sistema gera, por sua vez, um sofrimento crescente entre os que trabalham. O sofrimento aumenta porque os que trabalham vão perdendo gradualmente a esperança de que a condição que hoje lhes é dada possa amanhã melhorar. Os que trabalham vão cada vez mais se convencendo de que seus esforços, sua dedicação, sua boa vontade, seus "sacrifícios" pela empresa só acabam por agravar a situação. Quanto mais dão de si, mais são "produtivos", e quanto mais procedem mal para com seus companheiros de trabalho, mais eles os ameaçam, em razão mesmo de seus esforços e de seu sucesso. Assim, entre as pessoas comuns, a relação para com o trabalho vai-se dissociando paulatinamente da promessa de felicidade e segurança compartilhadas: para si mesmo, primeiramente, mas também para os colegas, os amigos e os próprios filhos.

Esse sofrimento aumenta com o absurdo de um esforço no trabalho que em troca não permitirá satisfazer as expectativas criadas no plano material, afetivo, social e político. As consequências desse sofrimento para o funcionamento psíquico e mesmo para a saúde são preocupantes, como veremos mais adiante neste livro. Mas o sofrimento não desativa a maquinaria de guerra econômica. Ao contrário, alimenta-a, por uma sinistra inversão que cumpre elucidar.

Na verdade, homens e mulheres criam defesas contra o sofrimento padecido no trabalho. As "estratégias de defesa" são sutis, cheias mesmo de engenhosidade, diversidade e inventividade. Mas também encerram uma armadilha que pode se fechar sobre os que, graças a elas, conseguem suportar o sofrimento sem se abater.

Para compreender como chegamos a tolerar e a produzir a sorte reservada aos desempregados e aos novos pobres numa sociedade que todavia não para de enriquecer, devemos primeiramente tomar consciência do *sofrimento no trabalho*. Temos igualmente que analisar certas *estratégias* de defesa particularmente preocupantes porque nos ajudam a fechar os olhos para aquilo que, no entanto, infelizmente intuimos. Mas não nos enganemos. No sofrimento, assim como nas defesas, e mesmo no consentimento para padecer ou infligir sofrimento, não há mecanismo incoercível ou inexorável. Em matéria de defesa contra o sofrimento, não há leis naturais, e sim regras de conduta construídas por homens e mulheres.

Na falta de meios conceituais indispensáveis para analisar sofrimento e defesa, não podendo pois apreendê-los nem dominá-los, voltamo-nos para as condutas que alimentam a injustiça e a fazem perdurar. Se, por outro lado, fôssemos capazes de refletir sobre o sofrimento e o medo, bem como sobre seus efeitos perversos, em vez de desconhecê-los, talvez não pudéssemos mais consentir em fazer o mal ainda que nos repugne fazê-lo. Refletir sobre a relação subjetiva para com o trabalho permite que nos desliguemos daquilo que insensivelmente nos levou a agir como se fizéssemos nossa essa máxima altamente suspeita: *à la guerre comme à la guerre!*

Este livro não tem por objetivo fazer um balanço nacional da condição que é dada aos trabalhadores de nosso país. Certamente as relações de trabalho não evoluem no mesmo ritmo em toda parte, de modo que se observam importantes disparidades regionais. Mas as situações que aqui analisaremos são atestadas por sondagens realizadas *in loco*. Não sabemos se a evolução que descrevemos deverá estender-se a todo o país. Muitos especialistas temem que sim. Seja como for, tal receio por si só justifica que nos dediquemos sem mais tardar ao estudo.

Capítulo 1

Como tolerar o intolerável?

Indubitavelmente, quem perdeu o emprego, quem não consegue empregar-se (desempregado primário) ou reempregar-se (desempregado crônico) e passa pelo processo de dessocialização progressivo, *sofre*. É sabido que esse processo leva à doença mental ou física, pois ataca os alicerces da identidade. Hoje, todos partilham um sentimento de medo — por si, pelos próximos, pelos amigos ou pelos filhos — diante da ameaça de exclusão. Enfim, todo mundo *sabe* que a cada dia aumentam em toda a Europa o número de excluídos e os riscos de exclusão, e ninguém pode em sã consciência esconder-se atrás do véu demasiado transparente da ignorância que serve de desculpa.

Por outro lado, nem todos partilham hoje do ponto de vista segundo o qual as vítimas do desemprego, da pobreza e da exclusão social seriam também vítimas de uma *injustiça*. Em outras palavras, para muitos cidadãos, há aqui uma clivagem entre sofrimento e injustiça. Essa clivagem é grave. Para os que nela incorrem, o sofrimento é uma adversidade, é claro, mas essa adversidade não reclama necessariamente reação política. Pode justificar compaixão, piedade ou caridade. Não provoca necessariamente indignação, cólera ou apelo à ação coletiva. O sofrimento somente suscita um movimento de solidariedade e de protesto quando se estabelece uma associação entre a percepção do sofrimento alheio e a convicção de que esse sofrimento resulta de uma injustiça. Evidentemente, quando não se percebe o sofrimento alheio, não se levanta a questão da mobilização numa ação política, tampouco a questão de justiça e injustiça.

Para compreender o drama que representa a precariedade da mobilização contra o desemprego e a exclusão, seria preciso analisar precisamente as relações ou os vínculos que se estabelecem ou se desfazem entre sofrimento alheio e injustiça (ou justiça).

As pessoas que dissociam sua percepção do sofrimento alheio do sentimento de indignação causado pelo reconhecimento de uma injustiça adotam frequentemente uma postura de *resignação*. Resignação diante de um "um fenômeno": a crise do emprego, considerada uma fatalidade, comparável a uma epidemia, à peste, ao cólera e até à Aids. Segundo essa concepção, não haveria injustiça, mas apenas um fenômeno sistêmico, econômico, sobre o qual não se poderia exercer nenhuma influência. (No entanto, mesmo no caso de uma epidemia como a Aids, constata-se que as reações de mobilização coletiva são possíveis, e que não se é obrigado a aceitar o *fatum* ou a aderir à tese da "causalidade do destino", a qual seria antes consequência de uma paralisia das capacidades analíticas [Flynn, 1985].) Acreditar que o desemprego e a exclusão resultam de uma injustiça ou concluir, ao contrário, que são fruto de uma crise pela qual ninguém tem responsabilidade não é algo que dependa de uma percepção, de um sentimento ou de uma intuição, como o é no caso do sofrimento. A questão da justiça ou da injustiça implica antes de tudo a questão da responsabilidade pessoal: a responsabilidade de certos dirigentes e nossa responsabilidade pessoal estão ou não implicadas nessa adversidade?

As noções de responsabilidade e de justiça concernem à ética e não à psicologia. O juízo de atribuição, por sua vez, passa principalmente pela adesão a um discurso ou a uma demonstração científica, ou ainda a uma crença coletiva, que seja inconteste para o sujeito que julga.

A meu ver, a atribuição da adversidade do desemprego e da exclusão à causalidade do destino, à causalidade econômica ou à causalidade sistêmica não advém de uma inferência psico-cognitiva individual. A tese da causalidade do destino não é resultado de uma invenção pessoal, de uma especulação intelectual ou uma investigação científica individuais. Ela é dada ao sujeito, exteriormente.

Por que o discurso economicista que atribui o infortúnio à causalidade do destino, não vendo responsabilidade nem injustiça na origem desse infortúnio, implica a adesão maciça de nossos concidadãos, com seu corolário, à resignação ou à falta de indignação e de mobilização coletiva?

Para responder a essa pergunta, creio que a psicodinâmica do trabalho,[2] que tem implicações nos campos psicológico e sociológico, pode nos trazer algumas luzes. Em suma, a psicodinâmica do trabalho sugere que a adesão ao discurso economicista seria uma manifestação do processo de "*banalização do mal*". Minha análise parte da "banalidade do mal" no sentido em que Hannah Arendt emprega essa expressão com referência a Eichmann. Não, como fez ela, no caso do sistema nazista, mas no caso da sociedade contemporânea, na França, em fins do século XX. A exclusão e a adversidade infligidas a outrem em nossas sociedades, sem mobilização política contra a injustiça, derivam de uma dissociação estabelecida entre adversidade e injustiça, sob o efeito da banalização do mal no exercício de atos civis comuns por parte dos que não são vítimas da exclusão (ou não o são ainda) e que contribuem para excluir parcelas cada vez maiores da população, agravando-lhes a adversidade.

Em outras palavras, *a adesão à causa economicista*, que separa a adversidade da injustiça, não resultaria, como se costuma crer, da mera resignação ou da constatação de impotência diante de um processo que nos transcende, mas funcionaria também como uma *defesa* contra a consciência dolorosa da própria cumplicidade, da própria colaboração e da própria responsabilidade no agravamento da adversidade social. Vale acrescentar que aquilo que tentarei analisar aqui nada tem de excepcional. É a própria banalidade! Não só a banalidade do mal, mas a *banalidade de um processo* que é subjacente à eficácia do sistema liberal econômico. Então, não é uma novidade? Não! Somente é nova a identificação de um processo. Processo que se torna mais visível, na época atual, em virtude das mudanças políticas verificadas nas últimas décadas. Algum tempo atrás, quando as lutas políticas e a mobilização coletiva eram mais inten-

---

[2] Essa disciplina — inicialmente denominada psicopatologia do trabalho — tem por objeto o estudo clínico e teórico da patologia mental decorrente do trabalho. Fundada ao final da II Guerra por um grupo de médicos-pesquisadores liderados por L. Le Guillant, ela ganhou há uns 15 anos um novo impulso que a levou recentemente a adotar a denominação de "análise psicodinâmica das situações de trabalho", ou simplesmente "psicodinâmica do trabalho". Nessa evolução da disciplina, a questão do *sofrimento* passou a ocupar uma posição central. O trabalho tem efeitos poderosos sobre o sofrimento psíquico. Ou bem contribui para agravá-lo, levando progressivamente o indivíduo à loucura, ou bem contribui para transformá-lo, ou mesmo subvertê-lo, em prazer, a tal ponto que, em certas situações, o indivíduo que trabalha preserva melhor a sua saúde do que aquele que não trabalha. Por que o trabalho ora é patogênico, ora estruturante? O resultado jamais é dado de antemão. Depende de uma dinâmica complexa cujas principais etapas são identificadas e analisadas pela psicodinâmica do trabalho.

sas e o espaço público mais aberto do que no período histórico atual, esse processo de banalização do mal era menos acessível à investigação. Tentarei portanto analisar o processo que favorece a tolerância social para com o mal e a injustiça, e através do qual se faz passar por *adversidade* o que na verdade resulta do exercício do *mal* praticado por uns contra outros.

Alguns leitores se sentirão tentados a não prosseguir, por entenderem que este texto não se propõe somente identificar um punhado de responsáveis condenáveis e analisar as estratégias que adotam para cometer seus delitos. Mesmo que haja líderes cujo comportamento mereça uma análise específica, sua identificação nem por isso confere aos outros, em particular aos leitores ou ao autor, o benefício da inocência. O presente ensaio é um percurso penoso, tanto para o leitor quanto para o autor. Todavia, o esforço de análise se afigura necessário. Creio que permite entender por que não há solução a curto prazo para a adversidade social gerada pelo liberalismo econômico na atual fase de nosso desenvolvimento histórico. Não que a ação seja impossível, mas para iniciá-la seria necessário criar condições de mobilização que não parecem viáveis sem um período prévio de difusão e debate das análises sobre a banalização do mal. Pois creio poder afirmar que a maioria de nós participa dessa banalização. Devo acrescentar que, se a banalização do mal nada tem de excepcional, por ser subjacente ao próprio sistema liberal, ela também está implícita nas vertentes totalitárias, inclusive no nazismo. Mas quais são, afinal, as diferenças entre totalitarismo e neoliberalismo? Por onde passa a linha divisória?

À falta de uma resposta clara para essa pergunta, tal banalização parece deveras inquietante. Este ensaio visa, além de analisar a referida banalização, a identificar as especificidades do funcionamento social ordinário no sistema liberal. Deveríamos poder tirar daí algumas consequências para caracterizar as formas de *banalização* do mal nos sistemas totalitários (que a meu ver não foram satisfatoriamente elucidadas nem mesmo por H. Arendt).

A banalização do mal passa por várias fases intermediárias, cada uma das quais depende de uma construção humana. Em outras palavras, não se trata de uma lógica incoercível, mas de um *processo* que implica responsabilidades. Portanto esse processo pode ser interrompido, controlado, contrabalançado ou dominado por decisões humanas que, evidentemente, também implicariam responsabilidades. A aceleração ou a freagem desse processo depende de nossa vontade e de nossa liberdade. Nosso poder de controle sobre o processo pode pois ser aumentado pelo conhecimento de seu funcionamento. Na impossibilidade de contribuir para a *ação*, a análise que vamos desenvolver pode ao menos servir à *compreensão*, sem que possamos afastar o risco — mas é somente um risco — de uma reconciliação trágica: "compreender, diz em suma Hannah Arendt, é uma atividade sem fim pela qual nos ajustamos ao real, nos reconciliamos com ele e nos esforçamos para estar de acordo ou em harmonia com o mundo" (Revault d'Allones, 1994).

Em 1980, ante a crise crescente do emprego, os analistas políticos franceses previam que não se poderia ter mais de 4% de desempregados na população ativa sem que surgisse uma grande crise política, a qual se manifestaria por distúrbios sociais e movimentos de caráter insurrecional, capazes de desestabilizar o Estado e toda a sociedade. No Japão, os analistas políticos previam que a sociedade japonesa não poderia assimilar política e socialmente uma taxa de desemprego superior a 4% (De Bandt & Sipek, 1979).

É certo que não sabemos o que acontecerá com a situação política japonesa. Em compensação, sabemos que na França somos agora capazes de tolerar até 13% de desempregados e talvez mais. Estavam errados os analistas e os futurólogos? Sim e não. Sim, na medida em que suas previsões não foram confirmadas pela realidade. Não, na medida em que, provavelmente, a sociedade francesa de 1980 não teria podido tolerar 4% de desempregados, muito menos 13%, sem reagir mediante graves distúrbios sociais e políticos. Evidentemente, não é a progressividade do crescimento do desemprego que pode explicar essa inesperada tolerância social. Não, pois esse crescimento foi rápido demais. Trata-se provavelmente de algo bem diferente.

Nossa hipótese consiste em que, desde 1980, não foi somente a taxa de desemprego que mudou, e sim *toda a sociedade que se transformou qualitativamente*, a ponto de não mais ter as mesmas reações que antes. Para sermos mais precisos, vemos nisso essencialmente uma evolução das reações sociais ao sofrimento, à adversidade e à injustiça. Evolução que se caracterizaria pela atenuação das reações de indignação, de cólera e de mobilização coletiva para a ação em prol da solidariedade e da justiça, ao mesmo tempo em que se desenvolveriam reações de reserva, de hesitação e de perplexidade, inclusive de franca indiferença, bem como de tolerância coletiva à inação e de resignação à injustiça e ao sofrimento alheio. Nenhum analista contesta essa evolução. A muitos, ela causa desespero. Somente as explicações do fenômeno é que divergem. Não se compreende como uma mutação política dessa amplitude pôde produzir-se em tão pouco tempo. Segundo a interpretação mais corrente, essa insólita passividade coletiva estaria ligada à *falta de perspectivas* (econômica, social e política) *alternativas*. Certamente é difícil negar essa falta de alternativa mobilizadora. Mas seria ela, como pensam muitos analistas, a *causa* dessa inércia social e política ou sua consequência? Particularmente, não creio que os movimentos coletivos de dimensão social sejam habitualmente mobilizados pela vontade de marchar para uma felicidade prometida, ainda que por uma ideologia estruturada. Entendo que a mobilização tem sua principal fonte de energia não na esperança de felicidade (pois sempre duvidamos dos resultados de uma transformação política), mas na cólera contra o sofrimento e a injustiça considerados intoleráveis. Em outras palavras, a ação coletiva seria *mais reação do que ação*, reação contra o intolerável, mais que ação voltada para a felicidade.[3] Exemplo disso, entre outros, são os movimentos grevistas de novembro/dezembro de 1995: o que os provocou foi a cólera contra o desmantelamento do serviço público, e não a perspectiva de um futuro risonho. Voltando à falta de alternativa ideológica, sou propenso a crer que ela é geneticamente secundária, e não primária, em relação à falta de mobilização coletiva contra a adversidade e a injustiça infligidas a outrem.

Nessa perspectiva, devemos tentar explicar de outra forma, que não pela falta de utopia social alternativa, a precariedade da mobilização coletiva contra o sofrimento. O problema passa a ser então o do *desenvolvimento da tolerância à injustiça*. É justamente a falta de reações coletivas de mobilização que possibilita o aumento progressivo do desemprego e de seus estragos psicológicos e sociais, nos níveis que atualmente conhecemos.

É indiscutível que os anos Mitterrand (1981-95) foram marcados por uma reviravolta ideológica em relação aos ideais socialistas, sob a forma de um "economicismo de esquerda". Mas essa reviravolta política, que consiste em colocar a razão econômica acima da razão política, não é a causa da desmobilização. Seria antes o resultado desta, resultado que, por muitos anos, foi ao mesmo tempo incerto e surpreendente.

---

[3] Nessa esfera, portanto, as condutas coletivas se distinguem das condutas particulares cujo *primum movens*, em vez de racional, pode ser primariamente induzido pelo desejo (ou pela pulsão). Tal diferença me parece atestada pela experiência clínica em psicodinâmica do trabalho, que faz do médico ou do pesquisador uma testemunha privilegiada do surgimento e da extinção dos movimentos coletivos concernentes à justiça e à injustiça nos locais de trabalho. Essa experiência, comparada à experiência clínica do psicanalista, sugere — voltaremos a esse ponto mais adiante — uma diferença radical entre processo de mobilização subjetiva individual e processo de mobilização coletiva na ação.

Esse período de 15 anos também se caracteriza, no universo do trabalho, pela adoção *de novos métodos de gestão e direção de empresas, o que se traduz pelo questionamento progressivo do direito do trabalho e das conquistas sociais* (Supiot, 1993). Esses novos métodos se fazem acompanhar não apenas de demissões, mas também de uma brutalidade nas relações trabalhistas que gera muito sofrimento. Decerto que essa brutalidade é denunciada. Mas a denúncia permanece absolutamente sem consequência política, pois não há mobilização coletiva concomitante. Ao contrário, *essa denúncia parece compatível com uma crescente tolerância à injustiça*. Acaso devemos ver nisso a prova da fragilidade dos discursos de denúncia no plano político ou o indício de uma duplicidade que, por trás da denúncia, esconde uma tolerância crescente? Será que a denúncia funciona aqui de uma maneira inusitada, ou seja, que em vez de catalisar a ação política ela serve para familiarizar a sociedade civil com a adversidade, para domesticar as reações de indignação e para favorecer a resignação, constituindo inclusive uma preparação psicológica para padecer a adversidade?

Capítulo 2

O trabalho entre sofrimento e prazer

Antes de nos aprofundarmos na análise das relações entre sofrimento e injustiça, devemos precisar o que entendemos aqui por sofrimento. Até agora, mencionamos principalmente as relações entre sofrimento e *emprego*. Mas cumpre estudar também as relações entre sofrimento e *trabalho*. As primeiras se referem ao sofrimento dos que não têm trabalho ou emprego; as últimas se referem ao sofrimento dos que continuam a trabalhar. *A banalização do mal repousa precisamente sobre um processo de reforço recíproco de umas pelas outras.* Eis por que devemos primeiramente descrever a dinâmica das relações entre trabalho, sofrimento e prazer.

Querem nos fazer acreditar, ou tendemos a acreditar espontaneamente, que o sofrimento no trabalho foi bastante atenuado ou mesmo completamente eliminado pela mecanização e a robotização, que teriam abolido as obrigações mecânicas, as tarefas de manutenção e a relação direta com a matéria que caracterizam as atividades industriais. Além de transformar braçais "cheirando a suor" em operadores de mãos limpas, elas tenderiam a transmutar operários em empregados e a livrar Pele de Asno de seu traje malcheiroso para propiciar-lhe um destino de princesa de vestido prateado. Quem, dentre as pessoas comuns, não é capaz de evocar as imagens de uma reportagem de televisão ou a lembrança de uma visita guiada a uma fábrica de aspecto asseado, *new-look*? Infelizmente, tudo isso não passa de clichê, pois só o que as empresas mostram são suas fachadas e vitrinas, oferecidas — generosamente, é verdade — aos olhares dos curiosos ou dos visitantes.

Por trás da vitrina, há o sofrimento dos que trabalham. Dos que, aliás, pretensamente não mais existem, embora na verdade sejam legião, e que assumem inúmeras tarefas arriscadas para a saúde, em condições pouco diferentes daquelas de antigamente e por vezes mesmo agravadas por frequentes infrações das leis trabalhistas: operários da construção civil, de firmas de serviços de manutenção nuclear, de firmas de limpeza (seja em indústrias ou em escritórios, hospitais, trens, aviões etc.), de montadoras de automóveis, de matadouros industriais, de empresas avícolas, de firmas de mudanças ou de confecção têxtil etc.

Há também o sofrimento dos que enfrentam riscos como radiações ionizantes, vírus, fungos, amianto, dos que se submetem a horários alternados etc. Tais malefícios, que são relativamente recentes na história do trabalho, vão-se agravando e multiplicando, provocando não só o sofrimento do corpo, mas também apreensão e até angústia nos que trabalham.

Enfim, por trás das vitrinas, há o sofrimento dos que temem não satisfazer, não estar à altura das imposições da organização do trabalho: imposições de horário, de ritmo, de formação, de informação, de aprendizagem, de nível de instrução e de diploma, de experiência, de rapidez de aquisição de conhecimentos teóricos e práticos (Dessors & Torrente, 1996) e de adaptação à "cultura" ou à ideologia da empresa, às exigências do mercado, às relações com os clientes, os particulares ou o público etc.

Os estudos clínicos e as sondagens que realizamos nos últimos anos, tanto na França quanto no exterior, revelam por trás das vitrinas do progresso um mundo de sofrimento que às vezes nos deixa incrédulos. Quando se dispõe de informações, ou é individualmente, por experiência própria do trabalho, ou indiretamente, por intermédio de alguém íntimo que sofre e nos faz confidências. Mas como não imaginar que informações tão discordantes do discurso corrente, ainda por cima pessoais, não resultem de exceções ou anomalias sem grande importância num mundo que, graças ao progresso da técnica, se livrou das misérias da condição operária? Faz duas décadas que os jornalistas deixaram de fazer sondagens sociais ou pesquisas no mundo do trabalho comum para se dedicarem a "reportagens" sobre as luzes das vitrinas do progresso. Pouco interesse pelo sofrimento comum... e tão próximo de nós! Somente o martírio das vítimas da violência e das atrocidades bélicas, à distância, se oferece à curiosidade de nossos concidadãos. As meias-tintas não geram receita. Do mundo do trabalho não se ouvem senão ecos amortecidos na imprensa ou no espaço público, o que nos leva a crer que as informações que às vezes nos chegam sobre o sofrimento no trabalho são de caráter excepcional, extraordinário, não tendo portanto significado nem valor heurístico no que concerne à situação geral dos que trabalham na Europa de hoje. Assim, muito embora sua própria experiência seja discordante, muitos são os que fazem coro com os refrãos da moda sobre o fim do trabalho e a liberdade recobrada.

Mas em que consiste afinal esse sofrimento no trabalho, que afirmamos aqui ser amplamente ignorado? Fazer o inventário das formas típicas do sofrimento seria impor ao leitor a obrigação de percorrer todos os capítulos de um tratado de psicodinâmica do trabalho. Por ora vamos nos limitar a um resumo visando principalmente a alertar sobre a gravidade de uma questão insuficientemente debatida.

1. O medo da incompetência

Que se entende por "real do trabalho"? O real é definido como o que *resiste* ao conhecimento, ao saber, ao *savoir-faire* e, de modo mais geral, ao *domínio*. No trabalho, o real assume uma forma que as ciências do trabalho evidenciaram desde os anos 70 (Daniellou, Laville & Teiger, 1983). Ele se dá a conhecer ao sujeito[4] essencialmente pela defasagem

---

[4] O termo "sujeito" tornará a aparecer com frequência neste livro. Não é uma denominação genérica para designar tanto o sujeito quanto um homem ou uma mulher, uma pessoa qualquer ou um agente indefinido. Toda vez que esse termo aparecer, será para falar de quem vivencia afetivamente a situação em questão. Afetivamente, isto é, sob a forma de uma emoção ou de um sentimento que não é apenas um conteúdo de pensamento, mas sobretudo um estado do corpo. A afetividade é o modo pelo qual o próprio corpo vivencia seu contato com o mundo. A afetividade está na base da subjetividade. A subjetividade é dada, acontece, não é uma criação. O essencial da subjetividade é da categoria do invisível. O sofrimento não se vê. Tampouco a dor. O prazer não é visível. Esses estados afetivos não são mensuráveis. São vivenciados "de olhos fechados". O fato de que a afetividade não possa jamais ser medida nem avaliada quantitativamente, de que ela pertença ao domínio das trevas, não justifica que se lhe negue a realidade nem que se desprezem os que dela ousam falar de modo obscurantista. Ninguém ignora o que sejam o sofrimento e o prazer, e todos sabem que isso só se vivencia integralmente na intimidade da experiência interior. Tudo quanto se possa mostrar do sofrimento e do prazer não é senão sugerido. Negar ou desprezar a subjetividade e a afetividade é nada menos que negar ou desprezar no homem o que é sua humanidade, é negar a própria vida (Henry, 1965). Este livro combate todas as formas, sejam quais forem, de condescendência e desdém para com a subjetividade, as quais se tornaram o credo das elites gerenciais e políticas, bem como a senha do parisianismo intelectual.
Além disso, o termo "sujeito" só será empregado no texto quando for impossível, considerando o que dissemos a respeito da subjetividade, substituí-lo por agente, ator, trabalhador, operador, cidadão ou pessoa, termos que remetem a uma série de conotações específicas e a teorias ou disciplinas distintas.

irredutível entre a *organização prescrita* do trabalho e a *organização real* do trabalho. Na verdade, sejam quais forem as qualidades da organização do trabalho e da concepção, é impossível, nas situações comuns de trabalho, cumprir os objetivos da tarefa respeitando escrupulosamente as prescrições, as instruções e os procedimentos... Caso nos atenhamos a uma execução rigorosa, nos veremos na conhecida situação da "operação padrão" ou "operação tartaruga" (*grève du zèle*), em que o trabalho é executado com zelo excessivo. O zelo é precisamente tudo aquilo que os operadores acrescentam à organização prescrita para torná-la eficaz; tudo aquilo que empregam individual e coletivamente e que não depende da *"execução"*. A gestão concreta da defasagem entre o prescrito e o real depende na verdade da "*mobilização dos impulsos afetivos e cognitivos da inteligência*" (Dejours, 1993a; Böhle & Milkau, 1991; Detienne & Vernant, 1974).

Tal conjuntura pode ser exemplificada pelo caso de um médico ainda inexperiente, mas a quem foi atribuído um cargo de responsabilidade num setor de reanimação. Mesmo não tendo concluído sua formação, confiaram-lhe a responsabilidade médica por todo o serviço. Na verdade, como vários colegas mudaram de posto, restaram cargos por preencher. Mas o diretor do hospital se recusou a fazer contratações. Assim, para "tapar buraco", aproveitou-se esse estudante, cuja remuneração não se compara àquela de um titular — em suma, trata-se de mais um caso de "habilitação" abusiva e fraudulenta, como se vê com frequência em muitas indústrias em que há riscos (Mendel, 1989).

Então esse jovem médico, consciencioso e trabalhador, consegue dar conta das tarefas que lhe são confiadas. Tudo corre bem e ele vai ganhando gradualmente a confiança da equipe, dos pacientes e de suas famílias. Sua competência é amplamente reconhecida. Mas algo o atormenta. Persiste nele a impressão de que ocorrem óbitos demais naquele setor. Alguns de seus pacientes morrem mesmo quando o prognóstico lhes é favorável. Exasperam-no os resultados incompreensíveis de certas decisões suas, sobretudo quando prescreve a utilização de "respirador artificial" em pacientes intubados. Vários pacientes são vítimas de asfixia, e ele não consegue entender por quê. Chega a pensar que provavelmente cometeu erros de diagnóstico ou falhas terapêuticas, mas não consegue esclarecê-los. Torna-se cada vez mais perturbado, perde a confiança em si mesmo e resolve finalmente consultar um psiquiatra que o ajude a vencer uma depressão ansiosa, tanto mais supreendente porque todos o respeitam. Mas, tornando-se cada vez mais fechado e irritável, ele se isola, se aflige e vai aos poucos perdendo a confiança de sua equipe. Esta, por sua vez, ao descobrir a causa de sua perplexidade, acaba por duvidar de sua competência e, por fim, a suspeitar dele.

Somente seis meses depois, quando sua situação psíquica está francamente deteriorada, é que lhe ocorre uma ideia. Antes de pôr um novo paciente sob respiração artificial, ele encaixa a máscara de oxigênio no próprio nariz. Então, sufoca ao inalar algo que, pelo cheiro, reconhece imediatamente como formol. Suas diligências o levam a descobrir que a firma responsável pela manutenção e esterilização dos aparelhos de reanimação não respeita os procedimentos, a fim de ganhar tempo e disfarçar, por essa fraude, a falta de pessoal, esta igualmente ligada aos cortes orçamentários determinados pela direção daquela firma.

Em situações de trabalho comuns, é frequente verificarem-se incidentes e acidentes cuja origem (nem sempre fraudulenta como no caso anterior, antes pelo contrário) não se consegue jamais entender e que abalam e desestabilizam os trabalhadores mais experientes. Isso vale para a pilotagem de aviões, a condução de indústrias de processamento e todas as situações de trabalho tecnicamente complexas que implicam riscos para a segurança das pessoas ou das instalações. Em tais situações, muitas vezes os trabalhadores não têm como saber se suas falhas se devem à sua incompetência ou a anomalias do sistema técnico. E essa fonte de perplexidade é também a causa de angústia e de sofrimento, que tomam a forma de medo de ser incompetente, de não estar à altura ou de se mostrar incapaz de enfrentar convenientemente situações incomuns ou incertas, as quais, precisamente, exigem responsabilidade.

2. A pressão para trabalhar mal

Outra causa frequente de sofrimento no trabalho surge em circunstâncias de certo modo opostas àquelas que vimos de mencionar. Não estão em questão a competência e a habilidade. Porém, mesmo quando o trabalhador sabe o que deve fazer, não pode fazê-lo porque o impedem as pressões sociais do trabalho. Colegas criam-lhe obstáculos, o ambiente social é péssimo, cada qual trabalha por si, enquanto todos sonegam informações, prejudicando assim a cooperação etc. Nas tarefas ditas de execução sobeja esse tipo de contradições em que o trabalhador se vê de algum modo impedido de fazer corretamente seu trabalho, constrangido por métodos e regulamentos incompatíveis entre si (Dejours, 1991).

Por exemplo, numa usina nuclear, temos um técnico de manutenção encarregado de efetuar o controle técnico dos serviços contratados com uma firma de mecânica. Nas múltiplas tarefas aí executadas, envolvendo a segurança das instalações, turmas de operários se revezam dia e noite. Mas o técnico responsável pelo controle, que tem vínculo empregatício com a empresa contratante, está sozinho. Não pode supervisionar os trabalhos 24 horas por dia, pois também precisa repousar e dormir. Mas é sua obrigação assinar as faturas e responsabilizar-se pela qualidade do serviço prestado pela firma de mecânica.

Embora tenha feito reiterados pedidos, ele continua sendo o único responsável e, para não prejudicar os trabalhadores precariamente vinculados à empresa contratada, é obrigado a assinar as faturas e a fiar-se na palavra do chefe do turno da noite quanto à qualidade do serviço realizado. Tal situação psicológica dificilmente é aceitável para um técnico que conhece bem o ofício da mecânica, por exercê-lo há 20 anos, e que sabe como este é cheio de percalços. As condições que ora lhe são oferecidas na nova organização do trabalho, após as últimas reformas estruturais, o deixam numa situação psicológica extremamente penosa, conflitante com os valores do trabalho bem-feito, o senso de responsabilidade e a ética profissional.

Ser constrangido a executar mal o seu trabalho, a atamancá-lo ou a agir de má-fé é uma fonte importante e extremamente frequente de sofrimento no trabalho, seja na indústria, nos serviços ou na administração.

Eis um segundo exemplo.

Trata-se de um engenheiro, recentemente designado para uma garagem da SNCF (Societé Nationale des Chemins de Fer Français). Alguns dias após sua chegada, toma conhecimento de informações sobre um incidente ocorrido no setor da ferrovia pelo qual é responsável. A cancela de uma passagem de nível não abaixou à passagem de um trem. Nesse momento não havia ninguém na estrada, nem a pé nem de carro.

Em reunião de trabalho, o engenheiro relata o incidente. Os dispositivos automáticos não funcionaram. Após o incidente, a cancela voltou a funcionar normalmente, sem nenhuma intervenção técnica ou reparo específico. Porém o fato é inquestionável. Qual é a causa? Onde está o defeito? Silêncio geral entre os colegas. O novo engenheiro insiste, mas os demais minimizam a importância do fato. O engenheiro não pensa assim e, entendendo que o incidente é grave, exige uma investigação técnica completa. O grupo vai aos poucos isolando o novato insistente. Por quê? As mudanças estruturais e o enxugamento dos quadros deixam todos tão sobrecarregados de trabalho que eles "deixam pra lá". Não podem, é claro, admitir tal situação oficialmente e se limitam a recusar a investigação proposta pelo novo colega porque ela seria difícil e demandaria muito tempo e trabalho. Além disso, insistem no fato de que, desde o ocorrido, a cancela aparentemente funciona sem mais incidentes. Os ânimos se exaltam. O engenheiro se recusa a desistir da investigação. Vê-se obrigado a sustentar a gravidade do incidente, enquanto os outros o minimizam. Por fim, o chefe da garagem intervém e decide:

Chefe: Houve descarrilamento do trem?
Engenheiro: Não!
Chefe: Houve colisão com algum veículo ou passante?
Engenheiro: Não!
Chefe: Houve feridos ou mortos?
Engenheiro: Não!
Chefe: Então não houve incidente. O caso está encerrado.

Ao sair da reunião, o engenheiro não se sente bem, está arrasado, não entende a atitude dos outros, tampouco sua unanimidade. Fica em dúvida, não sabe mais se está apenas seguindo o regulamento e o bom senso ético (enquanto seus colegas se lhe opõem, negando uma realidade) ou se, ao contrário, está dando mostras de perfeccionismo e teimosia descabida, cumprindo-lhe, nesse caso, rever toda a sua vida profissional. Nos dias seguintes, seus colegas evitam comer à mesma mesa que ele e dirigir-lhe a palavra. O infeliz já não compreende mais nada. O cerco se aperta. Ele se sente cada vez mais angustiado e perplexo. Dois dias depois, no seu local de trabalho, ele se joga do vão de uma escada, transpondo o parapeito. É hospitalizado com fraturas múltiplas, depressão, confusão mental e tendência suicida. (Trata-se de um caso de alienação social, diferente da alienação mental clássica, tal como definida por Sigaut, 1990.)

Ao contrário do que se pensa, situações desse tipo nada têm de excepcional no trabalho, ainda que seu desfecho seja menos espetacular.

3. Sem esperança de reconhecimento

Quer se consiga, como no caso do médico, vencer os obstáculos do real, quer se capitule, como no caso do engenheiro mecânico, diante dos obstáculos à qualidade do trabalho, quer ainda, como em outros casos, se possa trabalhar em boas condições técnicas e sociais, o resultado obtido é em geral à custa de esforços que exigem total concentração da personalidade e da inteligência de quem trabalha. Há os indolentes e os desonestos, mas, em sua maioria, os que trabalham se esforçam por fazer o melhor, pondo nisso muita energia, paixão e investimento pessoal. É justo que essa contribuição seja reconhecida. Quando ela não é, quando passa despercebida em meio à indiferença geral ou é negada pelos outros, isso acarreta um sofrimento que é muito perigoso para a saúde mental, como vimos no caso do engenheiro da SNCF, devido à desestabilização do referencial em que se apoia a identidade.

O reconhecimento não é uma reivindicação secundária dos que trabalham. Muito pelo contrário, mostra-se decisivo na dinâmica da mobilização subjetiva da inteligência e da personalidade no trabalho (o que é classicamente designado em psicologia pela expressão "motivação no trabalho").

O reconhecimento esperado por quem mobiliza sua subjetividade no trabalho assume formas extremamente reguladas, já analisadas e elucidadas há alguns anos (juízo de utilidade e juízo de beleza), e implica a participação de atores, também estes rigorosamente situados em relação à função e ao trabalho de quem espera o reconhecimento (Dejours, 1993b).

Não é indispensável retomar aqui a análise da "psicodinâmica do reconhecimento". Basta conhecer-lhe a existência para discernir o papel fundamental que desempenha no destino do sofrimento no trabalho e na possibilidade de transformar o sofrimento em prazer.

Do reconhecimento depende na verdade o sentido do sofrimento. Quando a qualidade de meu trabalho é reconhecida, também meus esforços, minhas angústias, minhas dúvidas, minhas decepções, meus desânimos adquirem sentido. Todo esse sofrimento, portanto, não foi em vão; não somente prestou uma contribuição à organização do trabalho, mas também fez de mim, em compensação, um sujeito diferente daquele que eu era antes do reconhecimento. O reconhecimento do trabalho, ou mesmo da obra, pode depois ser reconduzido pelo sujeito ao plano da construção de sua identidade. E isso se traduz afetivamente por um sentimento de alívio, de prazer, às vezes de leveza d'alma ou até de elevação. O trabalho se inscreve então na dinâmica da realização do ego. A identidade constitui a armadura da saúde mental. Não há crise psicopatológica que não esteja centrada numa crise de identidade. Eis o que confere à relação para com o trabalho sua dimensão propriamente dramática. Não podendo gozar os benefícios do reconhecimento de seu trabalho nem alcançar assim o sentido de sua relação para com o trabalho, o sujeito se vê reconduzido ao seu sofrimento e somente a ele. Sofrimento absurdo, que não gera senão sofrimento, num círculo vicioso e dentro em breve desestruturante, capaz de desestabilizar a identidade e a personalidade e de levar à doença mental. Portanto, não há neutralidade do trabalho diante da saúde mental. Mas essa dimensão "pática" do trabalho é amplamente subestimada nas análises sociológicas e políticas, com consequências teóricas que veremos mais adiante.

4. Sofrimento e defesa

Assim, embora faça parte das expectativas de todos os que trabalham, o reconhecimento raramente é conferido de modo satisfatório. Portanto é de se esperar que o sofrimento no trabalho gere uma série de manifestações psicopatológicas. Foi para analisá-las e inventariá-las que se realizaram estudos clínicos denominados "psicopatologia do trabalho".

No início das pesquisas, nos anos 50, procurou-se identificar e caracterizar os efeitos deletérios do trabalho sobre a saúde mental dos trabalhadores, visando a constituir um diagnóstico das "doenças mentais do trabalho". Apesar de certos resultados espetaculares — em particular a neurose de telefonistas (Begoin, 1957) —, não foi possível descrever uma patologia mental do trabalho comparável à patologia das afecções somáticas profissionais, cuja variedade e especificidade, aliás, são conhecidas.

Se o sofrimento não se faz acompanhar de descompensação psicopatológica (ou seja, de uma ruptura do equilíbrio psíquico que se manifesta pela eclosão de uma doença mental), é porque contra ele o sujeito emprega defesas que lhe permitem controlá-lo. No domínio da psicologia do trabalho, o estudo clínico mostrou que, a par dos mecanismos de defesa classicamente descritos pela psicanálise, existem defesas construídas e empregadas pelos trabalhadores *coletivamente*. Trata-se de "estratégias coletivas de defesa" que são especificamente marcadas pelas pressões reais do trabalho. Assim, descreveram-se primeiramente as estratégias coletivas de defesa típicas dos operários da construção civil, depois as dos pilotos de processo das indústrias químicas, dos encarregados da manutenção em usinas nucleares, dos soldados do Exército, dos marinheiros, das enfermeiras, dos médicos e cirurgiões, dos pilotos de caças etc. Descreveremos algumas delas no capítulo 3, seção 3.

As pesquisas foram então redirecionadas a partir da inversão da questão inicial: em vez de detectar as inapreensíveis doenças mentais do trabalho, registrou-se que, em sua maioria, os trabalhadores permanecem na normalidade. Como conseguem esses trabalhadores não enlouquecer, apesar das pressões que enfrentam no trabalho? Assim, a própria "normalidade" é que se torna enigmática.

A normalidade é interpretada como o resultado de uma composição entre o sofrimento e a luta (individual e coletiva) contra o sofrimento no trabalho. Portanto, a normalidade não implica ausência de sofrimento, muito pelo contrário. Pode-se propor um conceito de "normalidade sofrente", sendo pois a normalidade não o efeito passivo de um condicionamento social, de algum conformismo ou de uma "normalização" pejorativa e desprezível, obtida pela "interiorização" da dominação social, e sim o resultado alcançado na dura luta contra a desestabilização psíquica provocada pelas pressões do trabalho.

Nos últimos 20 anos, as pesquisas em psicodinâmica do trabalho revelaram a existência de estratégias defensivas muito diferentes. A análise detalhada do funcionamento dessas estratégias mostra igualmente que elas podem contribuir para tornar aceitável aquilo que não deveria sê-lo. Por isso as estratégias defensivas cumprem papel paradoxal, porém capital, nas motivações subjetivas da dominação a que já nos referimos.

Necessárias à proteção da saúde mental contra os efeitos deletérios do sofrimento, as estratégias defensivas podem também funcionar como uma armadilha que insensibiliza contra aquilo que faz sofrer. Além disso, permitem às vezes tornar tolerável o *sofrimento ético*, e não mais apenas psíquico, entendendo-se por tal não o sofrimento que resulta de um mal padecido pelo sujeito, e sim o que ele pode experimentar ao cometer, por causa de seu trabalho, atos que condena moralmente. Em outras palavras, é bem possível que agir mal, isto é, infligir a outrem "um sofrimento indevido" — segundo a concepção proposta por Pharo (1996) e à qual voltaremos mais adiante —, cause também sofrimento àquele que assim age, no contexto de seu trabalho. E se ele for capaz de construir defesas contra esse sofrimento, poderá manter seu equilíbrio psíquico.

Teriam o sofrimento no trabalho e a luta defensiva contra o sofrimento alguma influência sobre as posturas morais particulares e mesmo sobre as condutas coletivas no campo político? Essa questão não foi até agora considerada porque os especialistas da teoria sociológica e filosófica da ação geralmente hesitam em abrir espaço, em suas análises, para o sofrimento subjetivo.

Capítulo 3

O sofrimento negado

Se hoje a principal fonte de injustiça e de sofrimento na sociedade francesa é o desemprego, o grande palco do sofrimento é certamente o do trabalho, tanto para os que dele se acham excluídos quanto para os que nele permanecem. Portanto, as organizações sindicais estão na linha de frente. Muitos analistas consideram que a atonia das reações à escalada da adversidade social se deve à fragilidade crescente das organizações sindicais. Essa análise, embora justa, é incompleta. Afinal, a fragilidade dos sindicatos é causa ou consequência?

1. A negação pelas organizações políticas e sindicais

Nossa hipótese consiste em que a fragilidade sindical e a dessindicalização, cujo avanço foi tão rápido quanto o da tolerância à injustiça e à adversidade alheia, não são apenas causas da tolerância, mas consequência dessa tolerância.

Na verdade, a questão do sofrimento no trabalho e, de modo mais geral, das relações entre subjetividade e trabalho foi negligenciada pelas organizações sociais muito antes de eclodir a crise do emprego.

A questão do sofrimento no trabalho ganhou amplitude nos movimentos sociais de 1968. À época, desencadeara-se um vasto debate sobre a natureza das reivindicações trabalhistas. Reivindicações corporativas contra reivindicações políticas; reivindicações salariais contra reivindicações qualitativas sobre as condições de trabalho e o significado do trabalho. A questão da alienação repercutiu então intensamente no mundo dos trabalhadores e dos empregados, mas foi quase sistematicamente descartada do debate pelas grandes organizações sindicais.

Se o movimento esquerdista assumiu essas reivindicações rejeitadas pelos sindicatos e o Partido Comunista Francês (PCF), fê-lo tão somente na perspectiva de um movimento de união em prol de objetivos políticos revolucionários voltados para a conquista do poder. Assim, o movimento esquerdista não analisou melhor nem deu maior atenção ao sofrimento no trabalho do que as organizações tradicionais. E quando, de um lado e de outro, se descrevia o sofrimento psíquico, era no decorrer de um romance ou de um relato (Linhart, 1978), nunca num texto de análise política ou sindical. Somente a questão do sofrimento físico e as reivindicações relativas aos acidentes de trabalho, às doenças profissionais e, de modo geral, à saúde do *corpo* foram assumidas pelas diversas organizações políticas. Cabe ainda assinalar que na França, em particular, a questão da saúde no trabalho foi tratada muito mais paulatina e parcimoniosamente do que em outros países europeus (Rebérioux, 1989) e até mesmo fora da Europa (Crespo-Merlo, 1996).

Afora a saúde do corpo, as preocupações relativas à saúde mental, ao sofrimento psíquico no trabalho, ao medo da alienação, à *crise do sentido do trabalho* não só deixaram de ser analisadas e compreendidas, como também foram frequentemente rejeitadas e desqualificadas.

Nos anos 70, tanto as organizações sindicais majoritárias quanto as organizações esquerdistas recusaram-se a levar em consideração as questões relativas à *subjetividade* no trabalho. Antes de 1968, realizaram-se alguns raros estudos sobre a psicopatologia do trabalho (Begoin, 1957; Le Guillant, 1985; Moscovitz, 1971), encomendados e patrocinados pela Central Geral dos Trabalhadores (CGT), mas depois daquele ano efetuaram-se pouquíssimas pesquisas nesse campo.

As pesquisas em psicopatologia do trabalho iniciadas nos anos 70 esbarraram então na resistência dos sindicatos e na condenação da esquerda. Tudo o que dizia respeito a subjetividade, sofrimento subjetivo, patologia mental, tratamentos psicoterápicos suscitava desconfiança e até reprovação pública, salvo em certos casos notórios (Hodebourg, 1993). Por que essa resistência? Toda abordagem dos problemas psicológicos por psicólogos, médicos, psiquiatras e psicanalistas incorria num pecado capital: o de privilegiar a subjetividade individual, de supostamente levar a práticas individualizantes e de tolher a ação coletiva. A análise do sofrimento psíquico remetia à *subjetividade* — mero reflexo fictício e insignificante do *subjetivismo* e do idealismo. Tidas como antimaterialistas, tais preocupações com a saúde mental tolheriam a *mobilização coletiva e a consciência de classe*, favorecendo um "egocentrismo pequeno-burguês" de natureza essencialmente reacionária. O espírito da declaração que denunciava *"a psicanálise como ideologia reacionária"* (Bonnafé et alii, 1949) dominava ainda as análises das organizações sindicais e esquerdistas nos anos 70. A meu ver, trata-se de um erro histórico que teve tremendas consequências:

♦ Não só as pesquisas no campo do sofrimento psíquico não puderam desenvolver-se, como também as que chegaram a ensaiar-se foram emperradas, resultando numa ignorância que deixou tais organizações carentes de ideias e meios de ação num campo que, no entanto, se tornaria decisivo.

♦ Ao mesmo tempo, as pesquisas em psicologia do trabalho, em psicossociologia, sobre o estresse no trabalho, bem como em psicopatologia geral e em psicanálise, foram avançando em amplos setores da sociedade (escolas, justiça, hospitais, polícia, partidos políticos etc.) e em vários meios profissionais, inclusive especialistas do comércio, da gestão empresarial, da mídia, da comunicação e da administração. Mas não no campo da medicina do trabalho nem nos sindicatos! Esse atraso de alguns, essa defasagem crescente em relação às preocupações da população, e essa sensibilização crescente de outros (os técnicos, os gerentes, os administradores e a *intelligentsia*) presidiram ao surgimento progressivo (e em ritmo constante) de novos métodos: formação de gerentes por meio da dinâmica de grupo, da psicossociologia, de recursos audiovisuais etc.

Desse amplo movimento articulado à margem das organizações trabalhistas, o resultado mais palpável foi o *surgimento, nos anos 80, do novo conceito de "recursos humanos"*. Ali onde os sindicatos não queriam se aventurar, patrões e gerentes formulavam novas concepções e introduziam novos métodos concernentes à subjetividade e ao sentido do trabalho: cultura empresarial, projeto institucional, mobilização organizacional etc., alargando drasticamente o fosso entre a capacidade de iniciativa de gerentes e patrões, de um lado, e a capacidade de resistência e de ação coletiva das organizações sindicais, de outro.

♦ Inegavelmente, porém, o efeito mais terrível dessa recalcitrância sindical contra a análise da subjetividade e do sofrimento no trabalho foi que, ao mesmo tempo, *tais organizações infelizmente contribuíram para a desqualificação do discurso sobre o sofrimento e, logo, para a tolerância ao sofri-*

mento subjetivo. Assim, a organização da tolerância ao sofrimento psíquico, à adversidade, é em parte resultado da política das organizações sindicais e esquerdistas, bem como dos partidos de esquerda. Aí está o paradoxo.

Portanto, as preocupações alegadas por essas organizações não mais correspondiam à vivência das pessoas no trabalho, e isso desde o começo dos anos 70. De sorte que, uma década depois, em plena escalada do desemprego, os assalariados já não se identificavam com as causas defendidas por suas organizações. A dessindicalização irresistível prosseguiu até que a França se tornou o país com o menor índice de sindicalizados em toda a Europa. Em outras palavras, a fragilidade sindical estaria ligada, pelo menos em parte, a um erro de análise no tocante ao significado dos eventos de maio de 1968. Tal fragilidade já existiria pois de modo latente antes da crise do emprego e da guinada socialista em favor do liberalismo econômico. A fragilidade sindical não seria a causa da tolerância à injustiça que hoje presenciamos, mas a consequência do desconhecimento e da falta de análise do sofrimento subjetivo por parte das próprias organizações sindicais, desde antes da crise do emprego.

O silêncio social sobre a injustiça e a adversidade que possibilitou o triunfo do economicismo da era Mitterrand estaria ligado, em última análise, ao descompasso histórico das organizações sindicais com a questão da subjetividade e do sofrimento, o que provocou um enorme atraso em relação às teses do liberalismo econômico — deixando o campo livre aos adeptos dos conceitos de recursos humanos e cultura empresarial — e eventualmente uma séria dificuldade para formular um projeto alternativo ao economicismo de esquerda ou de direita.

2. Vergonha e inibição da ação coletiva

A falta de reação coletiva diante da adversidade social e psicológica causada hoje pelo *desemprego* foi portanto precedida por uma recusa deliberada de mobilização coletiva em face do *sofrimento* causado *pelo trabalho*, sob pretexto de que esse sofrimento resultava da sensibilidade exacerbada, de que se mobilizar pelo sofrimento psíquico era tomar o reflexo pela causa e levar ao impasse o movimento sindical.

A indiferença pelo sofrimento psíquico dos que trabalham abriu caminho portanto à tolerância social para com o sofrimento dos desempregados. Mas isso é apenas uma condição favorável, e essa etapa de nossa história não poderia explicar, por si só, a tolerância crescente ao sofrimento e à injustiça. Resta ainda aprofundar a análise da relação para com o trabalho, a qual, segundo as teses neoliberais, se tornou uma questão sem interesse.

O erro de análise das organizações político-sindicais no tocante à evolução das mentalidades e das preocupações com relação ao sofrimento no trabalho deixou o campo livre para as inovações gerenciais e econômicas. Os que especulavam, que concediam inusitados benefícios fiscais aos rendimentos financeiros, que favoreciam os rendimentos patrimoniais em detrimento dos rendimentos do trabalho, que organizavam uma redistribuição desigual das riquezas (que aumentaram consideravelmente no país, ao mesmo tempo em que surgia uma nova pobreza), esses mesmos que geravam a adversidade social, o sofrimento e a injustiça eram também os únicos a se preocuparem em forjar novas utopias sociais. Essas novas utopias, inspiradas pelos Estados Unidos e pelo Japão, sustentavam que a promessa de felicidade não estava mais na cultura, no ensino ou na política, mas no futuro das empresas. Proliferaram então as "culturas empresariais", com novos métodos de recrutamento e novas formas de gestão, sobretudo dos "recursos humanos". A empresa, ao mesmo tempo em que era o ponto de partida do sofrimento e da injustiça (planos de demissões, "planos sociais"), acenava com a promessa de felicidade, de identidade e de realização para os que soubessem adaptar se a ela e contribuir substancialmente para seu sucesso e sua "excelência".

Hoje, afora seu objetivo principal — o lucro —, o que caracteriza uma empresa não é mais sua *produção*, não é mais o *trabalho*. O que a caracteriza é sua *organização*, sua *gestão*, seu *gerenciamento*. Propõe-se assim um deslocamento qualitativamente essencial. *O tema da organização (da empresa) substitui-se ao tema do trabalho nas práticas discursivas do neoliberalismo.*

Trata-se de uma verdadeira reviravolta cuja característica principal não é promover a direção e a gestão, que sempre ocuparam um lugar de destaque, e sim desqualificar as preocupações com o trabalho, cuja "centralidade" agora é contestada tanto no plano econômico quanto nos planos social e psicológico.

No que concerne ao problema da centralidade do trabalho e de sua negação nos últimos 15 anos, remetemo-nos a várias fontes onde recentemente o debate foi retomado: Freyssenet (1994); De Bandt, Dejours

& Dubar (1995); Cours-Salies (1995); Kergoat (1994). Em suma, as teses neoliberais são as seguintes:

- Não existe mais trabalho. Este se tornou artigo raro em nossa sociedade. As principais razões disso são o progresso tecnológico, a automatização, a robotização etc.

- O trabalho não mais suscita problema científico, tornou-se inteiramente transparente, inteligível, reproduzível e formalizável, sendo possível substituir progressivamente o homem por autômatos. O trabalho diz respeito tão somente à execução. Os únicos problemas residuais da empresa residem na concepção e na gestão.

- Como perdeu seu mistério, o trabalho não mais se presta à realização do ego nem confere sentido à vida dos homens e das mulheres da "sociedade pós-moderna". Convém, pois, procurar substitutos do trabalho como mediador da subjetividade, da identidade e do sentido (Gorz, 1993; e Meda, 1995).

Essas três teses podem ser contestadas:

- Por um lado, o trabalho não se tornou artigo raro. Enquanto se "enxugam os quadros", os que continuam a trabalhar o fazem cada vez mais intensamente, e a duração real de seu trabalho não para de aumentar; não só entre os gerentes, mas também entre os técnicos, os empregados e todos os "executores", em particular os terceirizados. Por outro lado, uma parte importante do trabalho é deslocada para os países do Sul, o Extremo Oriente, por exemplo (Pottier, 1997), onde é terrivelmente mal remunerado. O trabalho não diminui; ao contrário, aumenta, mas muda de local geográfico graças à divisão internacional do trabalho e dos riscos. Por fim, uma parte do trabalho, evidentemente não mensurável, é deslocada não mais para o Sul e sim para o interior, pelo recurso à terceirização, ao trabalho precário, aos biscates, ao trabalho não remunerado (estágio em empresas, aprendizado, horas extras à vontade etc.), ao trabalho ilegal (estabelecimentos clandestinos no setor de vestuário, terceirização em cascata na construção civil ou na manutenção de usinas nucleares, nas firmas de mudanças ou de limpeza etc.).

♦ O trabalho não é inteiramente inteligível, formalizável e automatizável: uma vez difundido o *slogan* da "qualidade total", são cada vez mais numerosos os incidentes que comprometem a qualidade do trabalho e a segurança das pessoas e das instalações. É cada vez mais difícil esconder a degradação das condições de higiene e os erros na administração de cuidados médicos. Nos últimos anos, tornaram a aumentar os acidentes de trabalho fatais, notadamente na construção civil. A segurança dos trens é comprometida pelo aumento dos acidentes ferroviários, a segurança das usinas nucleares é posta em dúvida.

♦ O trabalho continua sendo o único mediador da realização do ego no campo social, e não se vê atualmente nenhum candidato capaz de substituí-lo (Rebérioux, 1993).

♦ O trabalho pode ser mediador da emancipação, mas, para os que têm um emprego, também continua a gerar sofrimentos, como mostraram as pesquisas em psicodinâmica do trabalho nos últimos 15 anos; não apenas sofrimentos já conhecidos, mas novos sofrimentos especificamente ligados à nova gestão, sobretudo entre os gerentes, como veremos mais adiante.

♦ Quanto aos que sofrem por causa da intensificação do trabalho, por causa do aumento da carga de trabalho e da fadiga, ou ainda por causa da degradação progressiva das relações de trabalho (arbitrariedade das decisões, desconfiança, individualismo, concorrência desleal entre agentes, arrivismo desenfreado etc.), estes encontram muitas dificuldades para reagir coletivamente.

Numa situação de desemprego e injustiça ligada à exclusão, os trabalhadores que tentam lutar por meio de greves se deparam com dois tipos de dificuldades que, mesmo sendo subjetivas, não deixam de ter consequências importantes para a mobilização coletiva e política:

♦ A inculpação pelos "outros", isto é, o efeito subjetivo do juízo de desaprovação proferido pelos políticos, os intelectuais, os executivos, a mídia e até a maioria silenciosa, segundo os quais se trata de greves de "abastados" que, aliás, constituiriam uma ameaça à perenidade das empresas (supostamente tão precárias, mesmo quando não é o caso). Em 1988/89, por exemplo, as greves organizadas por ferroviários e professores foram amplamente denunciadas, inclusive pela esquerda, tendo aliás fracassado, em grande parte, por esse motivo. As greves de 1995 e as que se seguiram só concederam um lugar discreto à análise do sofrimento no trabalho, pois hesita-se em generalizar o debate de um tema específico. Somente se enfatizam o abandono dos valores ligados ao serviço público e a denúncia do desemprego, ao passo que o debate sobre o sofrimento no trabalho permanece ainda embrionário.

◆ A vergonha espontânea de protestar quando outros são muito mais desfavorecidos: é como se hoje as relações de dominação e injustiça social só afetassem os desempregados e os pobres, deixando incólumes os que, por terem emprego e recursos, são privilegiados. Quando mencionamos a situação dos que sofrem *por causa do trabalho*, provocamos quase sempre uma reação de recuo ou de indignação, pois damos assim a impressão de que somos insensíveis à sorte supostamente pior dos que sofrem por causa da falta de trabalho.

O espaço dedicado à discussão sobre o sofrimento no trabalho tornou-se tão restrito que, nos últimos anos, produziram-se situações dramáticas como jamais se viu anteriormente: tentativas de suicídio ou suicídios consumados, no local de trabalho, que atestam provavelmente o impasse psíquico criado pela falta de interlocutor que dê atenção àquele que sofre e pelo mutismo generalizado.

Numa empresa industrial onde fomos chamados a prestar consulta, um técnico é encontrado às primeiras horas do dia enforcado em seu local de trabalho. O pessoal — os colegas, os companheiros — naturalmente está bastante abalado. O médico do trabalho, vítima também de várias tentativas de intimidação por parte da direção para dissuadi-lo de mostrar-se excessivamente zeloso em sua atividade médica junto aos empregados, consegue obter, em nome do Comitê de Higiene, Segurança e Condições de Trabalho (HSTC), um pedido de inquérito de psicopatologia do trabalho sobre as causas e consequências do suicídio do técnico. Têm lugar na empresa várias reuniões com a equipe de especialistas, na presença dos atores sociais. Mas a pressão sobre o emprego exercida há vários meses pela direção é tão forte que os sindicatos fazem da questão do trabalho sua principal preocupação. Nesse contexto, a vergonha de promover um debate sobre o sofrimento no trabalho e de reclamar verbas para financiar o inquérito acaba por gerar tergiversações e hesitações, até que o pedido apresentado inicialmente pelos sindicatos é preterido por falta de vontade e convicção. Assim, a vergonha de revelar o sofrimento no trabalho, diante do sofrimento dos que correm o risco de demissão, termina por impedir que um suicídio seja analisado, explicado e discutido. A vergonha de queixar-se cria um terrível precedente: alguém pode agora suicidar-se nas dependências dessa fábrica sem que isso cause espécie. Terrível precedente de banalização de um ato desesperado, conquanto espetacular e eloquente, manifestamente dirigido à coletividade do trabalho e à empresa. Assim, a morte de um homem, de um colega de empresa, pode fazer parte da situação de trabalho e ser relegada à condição de incidente comum. Permanecer assim impassível em seu posto de trabalho acaso significa que o suicídio agora faz parte do cenário?

Nesses últimos anos, outros casos igualmente graves e por vezes ainda mais espetaculares deram ensejo a pedidos de inquérito que terminaram todos de maneira semelhante ao que acabamos de relatar: silêncio e mutismo dentro em pouco resultam em sigilo e, por fim, amnésia forçada.

Assim, à primeira fase do processo de construção da tolerância ao sofrimento, representada pela *recusa sindical* de levar em consideração a subjetividade, segue-se uma segunda fase: a da *vergonha* de tornar público o sofrimento gerado pelos novos métodos de gestão do pessoal.

Certamente alguém poderá alegar que me ocupo aqui do sofrimento dos que trabalham, e não do sofrimento dos desempregados ou marginalizados, o qual no entanto é o ponto de partida da discussão sobre a tolerância ao sofrimento na sociedade contemporânea.

Meu ponto de vista se baseia no que a psicopatologia nos ensina a respeito da percepção do sofrimento na terceira pessoa (isto é, o sofrimento infligido a outrem por um terceiro). A percepção do sofrimento alheio não diz respeito apenas a um processo cognitivo, de resto bastante complexo, em sua construção psíquica e social (Pharo, 1996). Sempre implica, também, uma participação pática[5] do sujeito que percebe. Perceber o sofrimento alheio provoca uma experiência sensível e uma emoção a partir das quais se associam pensamentos cujo conteúdo depende da história particular do sujeito que percebe: culpa, agressividade, prazer etc.

A percepção do sofrimento alheio provoca, pois, um processo afetivo. Por sua vez, esse processo afetivo parece indispensável à concre-

---

[5] O termo "pático" tornará a ser empregado várias vezes neste texto à guisa de qualificativo, remetendo ao sofrer e ao sofrimento, ao padecer e à paixão, com suas conotações de passar por, sentir, experimentar, suportar, aguentar situações que gerem dor ou prazer.

tização da percepção pela tomada de consciência. Em outras palavras, a estabilização mnésica da percepção necessária ao exercício do julgamento (a substituição do sistema percepção-consciência pelo sistema pré-consciente, na teoria psicanalítica) depende da reação defensiva do sujeito diante de sua emoção: rejeição, negação ou recalque. No caso de negação ou rejeição, o sujeito não memoriza a percepção do sofrimento alheio — perde a consciência dele.

Mas vimos que o sujeito que sofre com sua relação para com o *trabalho* é frequentemente levado, nas condições atuais, a lutar contra a expressão pública de seu próprio sofrimento. Afetivamente, ele pode então assumir uma postura de indisponibilidade e de *intolerância* para com a emoção que nele provoca a percepção do sofrimento alheio.[6] *Assim, a intolerância afetiva para com a própria emoção reacional acaba levando o sujeito a abstrair-se do sofrimento alheio por uma atitude de indiferença — logo, de intolerância para com o que provoca seu sofrimento.*

Em outras palavras, a consciência do — ou a insensibilidade ao — sofrimento dos *desempregados* depende inevitavelmente da relação do sujeito para com seu próprio sofrimento. Eis por que a análise da tolerância ao sofrimento do desempregado e à injustiça por ele sofrida passa pela elucidação do sofrimento no *trabalho*. Ou, dito de outra maneira, *a impossibilidade de exprimir e elaborar o sofrimento no trabalho constitui importante obstáculo ao reconhecimento do sofrimento dos que estão sem emprego.*

3. Surgimento do medo e submissão

É penetrando mais fundo no mundo do trabalho que podemos prosseguir a análise da tolerância social ao sofrimento e à injustiça. De fato, na terceira etapa do processo opera-se uma nova clivagem, não mais entre sofrimento e indignação, mas entre duas populações: os que trabalham e os que são vítimas do desemprego e da injustiça.

As demissões não fizeram apenas aumentar a carga de trabalho dos que continuam empregados. Pesquisa recente na indústria automobi-

---

[6] "Esquecer" o suicídio de um colega de trabalho, como vimos anteriormente, pressupõe acionar uma defesa (negação) que funciona como um anestésico contra a própria emoção, mas supõe também "vacinar-se" contra a percepção do sofrimento alheio, para não correr o risco de suspender a amnésia e ser tomado de angústia.

lística mostra que o sofrimento dos que trabalham assume formas novas e inquietantes. Trata-se de pesquisa feita numa montadora em 1994, 20 anos depois da primeira pesquisa lá realizada. Segundo os engenheiros de métodos, a organização do trabalho nessa fábrica mudou radicalmente em relação ao que era há 20 anos, desde que se introduziram métodos inspirados no modelo japonês, em particular o *just in time*.

Constata-se com grande surpresa que, no nível dos "operadores",[7] a principal diferença em relação aos antigos operários especializados diz respeito à sua denominação, nitidamente menos importante do que antes. Nota-se também o menor atravancamento dos recintos, tanto pelos compartimentos separados quanto pelo número de supervisores (poucos reguladores e contramestres, nenhum cronometrista). Mas o trabalho, enquanto atividade (no sentido ergonômico do trabalho), não é muito diferente, qualitativamente, do que era há 20 anos. A análise mais detalhada da realidade do operário mostra que os tempos ociosos desapareceram, que o "índice de empenho" (isto é, a parte do tempo que ele passa no trabalho em cadeia e que é dedicada às tarefas diretas de fabricação, montagem ou produção — descontados os tempos de locomoção, aprovisionamento, pausa ou descanso) é muito mais penoso do que no passado, que não existe atualmente nenhum meio de "remanchar", nenhuma possibilidade, ainda que transitória, de se livrar individual ou coletivamente das pressões da organização. A principal preocupação, do ponto de vista subjetivo, é a *resistência*, ou seja, a capacidade de aguentar firme o tempo todo, sem relaxar, sem se importar em machucar as mãos (certos operários enrolam um pedaço de pano nos dedos para não sangrar), sem se ferir e sem adoecer. As pressões e o ritmo do trabalho são, a bem dizer, "infernais". Mas ninguém reclama mais! É assim mesmo. O sofrimento moral e físico é intenso, sobretudo entre os jovens, que são minoria na fábrica (onde os operadores têm em média mais de 40 anos). De fato, estes últimos passam por uma terrível seleção: todo ano, mais de 15 mil pessoas se apresentam espontaneamente à porta da fábrica para pedir emprego. Segundo a diretoria de recursos humanos, todos os candidatos

---

[7] Este é o termo que tende a se impor, nos últimos anos, para designar os operários. Trata-se originariamente de um termo empregado pelos ergonomistas para denominar todos os que trabalham, sem consideração de *status* social, profissional ou hierárquico. Depois passou a ser usado em certas indústrias para substituir o termo "técnico", onde era considerado mais lisonjeiro que este último. Seguindo assim a tendência habitual, o termo é hoje usado correntemente para designar os operários, que foram sucessivamente brindados com os títulos de trabalhador manual, depois operário especializado e agora operador.

são examinados, embora no final só se contratem de 150 a 300 jovens. A seleção, naturalmente, pressupõe múltiplos e variados testes, nos quais se procura sondar a "motivação", que deve ser intensa, inabalável e associada ao gosto pelo esforço e a demonstrações de boa vontade e disciplina, para que um candidato seja aprovado.[8]

Ele passa então por um aprendizado, durante o qual lhe dizem que foi escolhido por estar entre os melhores e que ele é agora considerado um eleito, que faz parte da elite e que dele se espera um desempenho à altura de sua capacidade e de suas obrigações morais para com a empresa que nele depositou sua confiança e que lhe concedeu o privilégio de o acolher. Se ele se aplicar realmente, a empresa poderá garantir-lhe uma bela carreira.

Mas quando se contratam jovens, obviamente é para preparar a substituição dos operários veteranos que trabalham na linha de montagem. Desejosos de aprender e de mostrar seu empenho, os jovens aceitam todas as tarefas polivalentes, sem regatear. Passado algum tempo, porém, eles compreendem: não há outro futuro para eles que não a linha de montagem. E se fraquejarem, serão despedidos.

Então, progressivamente, seu ponto de vista evolui. O trabalho torna-se pouco a pouco um infortúnio. Após a decepção vem a macabra impressão de que o trabalho e a empresa estão lhes tirando sua substância vital, seu elã e mesmo seu sangue: de que estão sendo "consumidos", "espoliados", "sugados". Pois, como lhes disseram no estágio após a contratação: "Vocês são o sangue novo da empresa". "A empresa necessita de juventude e de sangue novo." E outras tantas metáforas que revolvem cruelmente em seu jovem espírito de 20 anos. E se eles guardam no seu íntimo, sem nisso acreditar verdadeiramente, a secreta esperança de um dia deixarem a linha de montagem para serem promovidos a chefe de unidade elementar de trabalho (UET), é porque essa é a condição *sine qua non* para suportar tarefas estafantes executadas com vertiginosa rapidez.

De resto, veem com respeito e até admiração os veteranos: como fazem eles para aguentar, para resistir a essa terrível organização do trabalho? Onde vão buscar forças, depois de tantos anos, para persistir? Na verdade, muitos desses jovens operários, mesmo motivados, decididos e

---

[8] Hoje em dia utilizam-se outros meios igualmente sofisticados para efetuar a seleção após a observação psicológica dos trabalhadores em atividade, em nome da segurança das pessoas e das instalações, e que implicam a participação de psicólogos, médicos do trabalho e psiquiatras.

entusiásticos, não conseguem suportar o ritmo de trabalho. E o índice de rotatividade (isto é, o número de dispensas e substituições em relação à população de trabalhadores jovens) permanece excepcionalmente elevado, segundo a diretoria de recursos humanos.

Esses operários trabalham cronicamente em regime de insuficiência de pessoal. Todas as manhãs, o chefe de UET tem que retomar as discussões e negociações com os colegas de outras unidades para pechinchar um ou mais operadores e tentar atenuar os efeitos da insuficiência de pessoal na seção da linha de montagem pela qual é responsável.

O "autocontrole" à japonesa constitui um acréscimo de trabalho e um sistema diabólico de dominação autoadministrado, o qual supera em muito os desempenhos disciplinares que se podiam obter pelos antigos meios convencionais de controle. Não cabe repetir aqui todas as descrições da vivência subjetiva dos operadores. Basta-nos um apanhado para tomar pé na situação. Há duas décadas, pesquisadores de fora dessa empresa automobilística conduziram várias sondagens sobre a produção, a produtividade, a gestão, a qualidade etc. Mas não se fez *nenhuma* pesquisa sobre a vivência subjetiva da condição de "operário". Nossa pesquisa nos leva pois a uma situação inédita. Entre a situação descrita pelas outras pesquisas e a nossa há tão pouca semelhança que se tem a impressão de que nossos colegas pesquisadores e nós próprios não tivemos acesso à mesma fábrica, nem às mesmas dependências, nem à mesma empresa, nem aos mesmos setores de produção, nem aos mesmos operários. Os pesquisadores mencionados e os engenheiros de métodos em atividade descrevem a situação atual como se fosse um mundo radicalmente novo. Para nós, ao contrário, existe uma inegável semelhança entre ontem e hoje, com um nítido agravamento, todavia, do sofrimento subjetivo de operadores e chefes de UET (que sucederam aos antigos contramestres). Tal paradoxo nos levou a propor a adoção de um novo conceito: o de defasagem entre "*descrição* (no sentido de Anscombe, 1979) *gerencial do trabalho*" (apresentada pelos quadros superiores) e "*descrição subjetiva do trabalho*" (Llory & Llory, 1996).

A "descrição subjetiva", que se opõe à "descrição gerencial", é uma descrição do trabalho que é reconstruída a partir do relato de operadores e chefes de UET. Relato das dificuldades com que uns e outros se defrontam no exercício de sua atividade; relato, também, das maneiras de se "arranjar" com essas dificuldades, de superá-las ou contorná-las, inclusive de empurrá-las para os outros. Descobre-se então que o trabalho não se apresenta absolutamente como o desejariam os teóricos, os engenheiros de métodos ou os gerentes. Os imprevistos são inúmeros, a organização do trabalho está constantemente sujeita a modificações e improvisações, o que deixa operadores e chefes de unidade em situações caóticas, nas quais é impossível prever o que vai acontecer.

Tal "descrição" do trabalho é subjetiva porquanto é construída a partir da elaboração da vivência dos operadores, omitindo qualquer referência à organização formal. Subjetiva não implica, portanto, que o conteúdo dessa descrição seja arbitrário ou fantasioso. Ao contrário, para chegar à descrição subjetiva do trabalho, é preciso recorrer a toda uma metodologia científica (Dejours, 1993b).

A "descrição gerencial" do trabalho é dada pelos setores de métodos, pelo setor da qualidade e pelo setor da gestão de recursos humanos.

Opor a "descrição subjetiva" à "descrição gerencial" do trabalho não redunda em afirmar que a primeira está certa e que a segunda está errada. Não se trata disso. Tanto uma quanto outra são maneiras de descrever a organização real do trabalho, na tentativa de defini-la ou focalizá-la mais de perto. Por ora, revela-se particularmente preocupante a crescente discrepância entre essas duas descrições. Quer no tocante à preocupação de compreender a realidade do funcionamento do processo de trabalho, quer no tocante ao que se passa com os operários. É de todo evidente que o trabalho não se apresenta absolutamente de uma maneira regulada e controlada, como faz supor a descrição gerencial. Ao contrário, as dificuldades, os esforços necessários para paliar os repetidos incidentes na linha de produção, o índice de empenho, tudo isso torna o trabalho em cadeia cada vez mais penoso.

A questão que mais uma vez aqui colocamos é a fragilidade ou a inexistência de movimento coletivo de luta contra uma condição que não seria tolerada há uns 15 ou 20 anos na França. A explicação mais plausível para o prolongamento de tal situação — após a restituição dos resultados da pesquisa, a validação e confirmação das interpretações pelos operadores, os chefes de UET e mesmo os gerentes — parece que é o *surgimento do medo*.

Todos esses trabalhadores vivem constantemente sob ameaça de demissão. O essencial das variações do ritmo de produção (em função do total de pedidos) é absorvido por empregos precários, contratos com prazo determinado e sobretudo contratos emprego-solidariedade (CES).

Em outras palavras, a precariedade não atinge somente os trabalhadores precários. Ela tem grandes consequências para a vivência e a conduta dos que trabalham. Afinal, são seus empregos que se precarizam pelo recurso possível aos empregos precários para substituí-los, bem como

às demissões pelo mínimo deslize (quase não há mais absenteísmo, os operadores continuam a trabalhar mesmo estando doentes, enquanto tenham condições para tanto).
Assim, convém preferir o termo *precarização* a precariedade.

- O primeiro efeito da precarização é pois a intensificação do trabalho e o aumento do sofrimento subjetivo (sem dúvida, com um índice de morbidade maior porém "exteriorizado" da empresa em virtude das demissões).

- O segundo efeito é a neutralização da mobilização coletiva contra o sofrimento, contra a dominação e contra a alienação.

- A terceira consequência é a estratégia defensiva do silêncio, da cegueira e da surdez. Cada um deve antes de tudo se preocupar em "resistir". Quanto ao sofrimento alheio, não só "não se pode fazer nada", como também sua própria percepção constitui um constrangimento ou uma dificuldade subjetiva suplementar, que prejudica os esforços de resistência. Para resistir, portanto, convém fechar os olhos e os ouvidos ao sofrimento e à injustiça infligidos a outrem. Nossa pesquisa mostra que todos, dos operadores aos gerentes, se defendem da mesma maneira: *negando o sofrimento alheio e calando o seu*.

- O quarto efeito da ameaça de demissão e precarização é o individualismo, o cada um por si. Como disse Sofsky (1993:358), a partir de certo nível de sofrimento, "a miséria não une: destrói a reciprocidade".

Coloca-se pois inevitavelmente o problema da mobilização subjetiva da inteligência, da engenhosidade e sobretudo da cooperação (horizontal e vertical), sem as quais o processo de trabalho é paralisado. Será que os efeitos nocivos do medo não têm, com o tempo, um impacto negativo na qualidade e na produtividade?
É difícil dar a essa questão uma resposta convincente. Indubitavelmente, "a produção flui". A qualidade, como parecem atestar todos os indicadores, é excelente ("qualidade total"). No entanto, a análise detalhada dos indicadores causa perplexidade. Os ganhos de produtividade podem resultar essencialmente da diminuição do absenteísmo, da redução dos custos da mão de obra e da inexistência de movimentos reivindicativos, mais que da melhoria da qualidade *stricto sensu*. Não se trata apenas de uma nuança, mas de uma questão fundamental concernente à estabilida-

de dos sistemas e da organização, à sua capacidade de resistência e à sua perenidade.

Pesquisas realizadas em outros setores industriais (produção nuclear de eletricidade) indicam mais claramente a degradação da qualidade e da segurança das pessoas e das instalações (Doniol-Shaw, Huez & Sandret, 1995; Birraux, 1995; e Labbé & Recassens, 1997).

Seja como for, a descrição do trabalho é bastante diferenciada, conforme se leve em conta o ponto de vista de gerentes ou operadores. Se as sondagens realizadas por outros pesquisadores confirmam a descrição gerencial do *just in time* e do *kan ban*,[9] é porque elas são feitas a partir da descrição feita pelos gerentes, a qual serve ao mesmo tempo de ponto de partida e de referência: "É preciso adotar a perspective da direção da organização para confundir a propaganda ideológica com o *habitus efetivo* dos membros" (Sofsky, 1993:358). Tal é a perspectiva adotada por certos pesquisadores.

Por ora, consideraremos que os trabalhadores submetidos a essa nova forma de dominação pela manipulação gerencial da ameaça de precarização vivem constantemente *com medo*. Esse medo é permanente e gera condutas de obediência e até de submissão. Quebra a reciprocidade entre os trabalhadores, desliga o sujeito do sofrimento do outro, que também padece, no entanto, a mesma situação. E, sobretudo, desliga inteiramente os que sofrem a dominação no trabalho daqueles que estão longe desse universo — os excluídos, os desempregados — e de seu sofrimento, que é bastante diferente daquele experimentado pelos que trabalham. Assim, o medo produz uma separação subjetiva crescente entre os que trabalham e os que não trabalham.

4. Da submissão à mentira

Levando em conta a descrição do trabalho obtida a partir do relato dos trabalhadores, como é possível sustentar uma descrição gerencial tão defasada e tão divergente da realidade da experiência vivenciada no trabalho? Não se trata aqui de questionar a autenticidade da descrição gerencial do trabalho. Tal descrição é feita a partir de índices, indicadores,

---
[9] Um dos princípios de organização característicos do modelo japonês de produção (Hirata, 1993).

decisões e resultados que, mesmo sendo um pouco discutíveis cientificamente, não deixam de ser, por vezes, verídicos. Supondo mesmo que a descrição gerencial seja perfeitamente autêntica, como explicar:

◆ a surpreendente discrepância entre a descrição gerencial e a descrição subjetiva do trabalho?

◆ a inexistência de discurso organizado, de contestação da descrição gerencial do trabalho, por parte não só dos operadores, mas sobretudo dos próprios gerentes?

Na verdade, os gerentes têm alguma noção da situação de seus subordinados e do sofrimento deles. Principalmente, têm uma noção bastante detalhada das *dificuldades reais* que eles enfrentam para realizar seu trabalho e para tentar cumprir as metas de produção. Pois, não obstante a descrição gerencial e os números apregoados com relação à "qualidade total", eles têm que lidar com as inevitáveis dificuldades materiais de funcionamento da linha de produção, os constantes incidentes e imprevistos, num contexto de insuficiência crônica de pessoal. Eles sabem perfeitamente que as unidades elementares de trabalho não funcionam bem, que os chefes de UET não dão conta de suas obrigações.

De fato, os gerentes, por sua vez, validaram os resultados da pesquisa sobre os operadores e os chefes de UET, bem como sobre os graves problemas que afetam as linhas de montagem pelas quais, aliás, são responsáveis. Não somente os validaram, como também acrescentaram que também eles sofrem com as novas formas de gerenciamento. Assim ficamos sabendo que, todas as manhãs, eles enfrentam uma reunião com a direção, durante a qual um gerente se vê na berlinda, tendo que se submeter, diante de todos os colegas, a longas reprimendas por sua incapacidade para desincumbir-se bem de suas tarefas e assumir suas responsabilidades. Seria um prenúncio da precarização ou eventualmente um pretexto para a demissão, quando chegar a hora? Eis que também isso é vivenciado como uma injustiça, considerando os esforços desmedidos que os gerentes fazem pela empresa.

A divergência entre as duas descrições — gerencial e subjetiva — é inquietante. Intimados a dar uma explicação para tal divergência, todos, sem exceção, do operário ao gerente, ficam embaraçados, hesitam e propõem interpretações vagas. De modo que, afinal, somos levados a fazer ressalvas àquilo que os gerentes e os diretores proclamam a respeito do real funcionamento social e técnico da empresa e de seu sucesso.

O pesquisador de fora da empresa é assaltado pela dúvida. Como é que os gerentes, tendo (como depois mostrou a pesquisa, quando da restituição dos resultados) conhecimento ou pelo menos uma intuição da real situação de trabalho, não são também assaltados pela dúvida? Como é possível que, por um lado, eles saibam da real situação e, por outro, mantenham um discurso francamente defasado em relação àquilo que sabem, e que afinal, apesar dessa contradição, não demonstrem dúvida nem angústia? Pois, em suma, todos os gerentes parecem não fazer nenhuma ressalva à descrição gerencial do trabalho, quando se dirigem a terceiros, em particular aos pesquisadores, aos visitantes ou aos clientes. Eles exibem mesmo uma confiança aparentemente autêntica na qualidade do trabalho e na perenidade da empresa. É essa autenticidade da confiança no sucesso da empresa que se apresenta finalmente como o maior enigma. De fato, parece evidente ou pelo menos bastante provável que, sem essa confiança ou mesmo esse triunfalismo dos gerentes, o sistema entraria em crise. Se os gerentes não consagrassem à organização seu entusiasmo e sua motivação, estabelecer-se-iam cumplicidades com a base operária (os operadores) e os quadros intermediários (os chefes de UET) no que diz respeito ao reconhecimento do sofrimento, às tensões internas da empresa, ao seu caráter insustentável, à impossibilidade de obter novos progressos (ou mesmo a mera estabilização do funcionamento atual), enfim, aos riscos de colapso da organização. Nenhum dos dois acredita que os progressos alcançados na produtividade e nos lucros da empresa se façam acompanhar de um reforço de pessoal e de novas contratações. Como fazem eles para admitir que se possa continuar assim a "enxugar" constantemente o pessoal sem que isso prejudique o funcionamento da empresa, ainda mais quando eles comprovam diariamente, não sem pesar, as dificuldades de cumprir os objetivos num contexto de insuficiência crônica de pessoal?

Nossa interpretação divide-se em duas partes.

A manipulação da ameaça

Por um lado, as dificuldades encontradas pelos gerentes em seu próprio trabalho não podem ser objeto de debate, de reflexão, de deliberação coletiva entre eles. Isso por causa do medo a que também os gerentes estão sujeitos: medo de tornar visíveis suas próprias dificuldades, medo de que isso seja atribuído à sua incompetência, medo de que os colegas usem essa informação contra eles, medo de que isso venha a servir de argumento para os incluir na próxima lista de demissões... Em outras palavras, a experiência da resistência do real à autoridade e à competência gerenciais parece fadada a permanecer estritamente individualizada e secreta; e mesmo a ser dissimulada. Assim, os sinais exteriores de competência e eficácia repousam sobre a preocupação de ocultar metodicamente todas as falhas que se não consegue corrigir. Essa primeira parte da interpretação explica a dissimulação e o *silêncio* sobre as dificuldades, mas não a confiança dos gerentes no sistema.

Por outro lado, por sua própria experiência do medo, eles sabem que, usando da ameaça de demissão, eles podem intensificar o trabalho dos operadores bem mais do que se acreditava ser possível, considerando a tradição dos últimos 25 anos. Além disso, a concorrência entre trabalhadores à procura de emprego e assalariados estatutários, entre novos e antigos, torna-se cada vez mais acirrada, num contexto em que a reserva de mão de obra e de candidatos a substituto se afigura de tal modo inesgotável que a elasticidade do sistema parece capaz de suportar uma carga adicional de pressão sobre os homens, sem grave risco de colapso. O que explica a ponta de ironia que se detecta no discurso habitual dos gerentes.

Cabe fazer aqui um esclarecimento teórico cuja importância nos parece capital para a inteligibilidade não apenas deste capítulo mas do livro inteiro.

Diz respeito a uma noção que sempre foi tida como periférica e que, a nosso ver, merece ser considerada um elo teórico essencial; o "zelo no trabalho".

A respeito de Eichmann, de quem falaremos mais adiante, assim como a respeito de muitos oficiais do sistema nazista, costuma-se dizer que eles agiam como meras engrenagens de uma organização que os transcendia. E alega-se apenas que eles se comportavam como "operadores" ou "agentes" zelosos.

Na análise do sistema nazista, a ênfase quase sempre recaiu sobre a elucidação do comportamento dos chefes militares ou civis. Este é certamente um ponto essencial. A nosso ver, porém, subsiste nessa investigação um enigma importante. O sistema não funcionava somente graças a seus chefes. Sua eficácia repousava sobre a colaboração maciça da grande maioria dos "executores". Por colaboração devemos entender aqui a participação coordenada de todas as inteligências individuais no funcionamento do sistema.

O zelo demonstrado por todos esses atores não é uma qualidade "contingente" de sua conduta. O zelo é fundamental, se não decisivo, para a eficiência do sistema.

Por quê?

Como dissemos anteriormente, nenhuma empresa, nenhuma instituição, nenhum serviço pode evitar o grande problema da defasagem entre a organização do trabalho *prescrita* e a organização do trabalho *real*, seja qual for o grau de refinamento das prescrições e dos métodos de trabalho. É impossível, numa situação real, prever tudo antecipadamente. O suposto trabalho de *execução* nada mais é do que uma quimera.

Se todos os trabalhadores de uma empresa se esforçassem para cumprir à risca todas as instruções que lhes são dadas por seus superiores, não haveria produção. Ater-se rigorosamente às prescrições, executar apenas o que é ordenado, eis o que se chama de "operação padrão" (*grève du zèle*). As situações desse tipo são bem conhecidas e já foram usadas no passado pelos operários em luta para paralisar as empresas: ou os resultados da produção são desastrosos, por causa da enorme quantidade de defeitos de qualidade, ou então, mais radicalmente, a produção entra em pane.

Uma fábrica, uma usina ou um serviço só funcionam quando os trabalhadores, por conta própria, usam de artimanhas, macetes, quebra-galhos, truques; quando se antecipam, sem que lhes tenham explicitamente ordenado, a incidentes de toda a sorte; quando, enfim, se ajudam mutuamente, segundo os princípios de cooperação que eles inventam e que não lhes foram indicados de antemão.

Em outras palavras, o processo de trabalho só funciona quando os trabalhadores beneficiam a organização do trabalho com a mobilização de suas inteligências, individual e coletivamente.

Convém ainda esclarecer que o exercício dessa inteligência no trabalho geralmente só é possível à margem dos procedimentos, isto é, cometendo, *nolens volens*, infrações dos regulamentos e das ordens. Portanto, é preciso não apenas dar mostras de inteligência para suprimir a defasagem entre a organização do trabalho prescrita e a organização do trabalho real, mas também admitir que, muitas vezes, essa inteligência só pode ser usada semiclandestinamente.

Tais características da inteligência eficiente no trabalho — características cognitivas: saber lidar com o imprevisto, com o inusitado, com o que não foi ainda assimilado nem rotinizado; e características afetivas: ousar desobedecer ou transgredir, agir inteligentemente porém clandestinamente ou, pelo menos, discretamente —, tais características, portanto, da inteligência no trabalho constituem o que costumamos chamar de "zelo" no trabalho.

É com base nessa análise que cumpre adotar uma posição crítica diante do poder da disciplina sobre a qualidade do trabalho.

O sistema de produção nazista era de uma terrível eficácia, quer na indústria e na administração, quer nos campos de concentração e no "trabalho" de extermínio. Os admiradores do sistema nazista e os intérpretes entusiastas do "milagre alemão" do pós-guerra, assim como os propagandistas do sistema japonês, não cansam de repetir que sua eficácia é antes de tudo o resultado de um senso de disciplina bem arraigado na cultura desses povos. Essa leitura da história deve ser revista à luz das ciências do trabalho. A disciplina, a ordem, a obediência e principalmente a submissão conduzem inevitavelmente à paralisia das empresas e das administrações. Sua força não está apenas na disciplina, mas na superação desta pelo zelo, ou seja, por todas as infrações e artimanhas que os trabalhadores introduzem no processo de trabalho para que ele funcione. É a mobilização subjetiva de sua inteligência que é decisiva.

Se o sistema nazista de produção e administração funcionava é porque os trabalhadores e o povo contribuíam em massa com sua inteligência e engenhosidade para torná-lo eficaz. Se eles tivessem observado rigorosamente a disciplina, o sistema teria sido paralisado.

O zelo é pois um ingrediente necessário à eficácia de uma organização do trabalho. Eichmann era zeloso, assim como o eram muitos outros responsáveis. Além disso, esse zelo era necessário em todos os níveis hierárquicos, inclusive no nível do suposto "executor de base", para lograr a eficácia do dispositivo nazista de extermínio.

Mas qual a motivação desse *zelo* tão indispensável?

Até alguns anos atrás, pensávamos que a mobilização subjetiva da inteligência e da engenhosidade no trabalho repousava essencialmente sobre a livre vontade dos trabalhadores. Todas as pesquisas de campo indicavam isso, os estudos clássicos sobre a motivação no trabalho pareciam corroborá-lo, a análise dos defeitos do sistema burocrático o demonstrava.

Só em nossas pesquisas mais recentes foi que pudemos constatar um outro possível motor da mobilização da inteligência no trabalho. Sob a influência do medo, por exemplo, com a ameaça de demissão pairando sobre todos os agentes de um serviço, a maioria dos que trabalham se mostra capaz de acionar todo um cabedal de inventividade para melhorar sua produção (em quantidade e em qualidade), bem como para constranger seus colegas, de modo a ficar em posição mais vantajosa do que eles no processo de seleção para as dispensas.

O medo como motor da inteligência! Ele é hoje utilizado *larga manu*, como ameaça, pela administração das empresas. E era igualmente o motor do sistema nazista, sobretudo dos campos de trabalho, de concentração e de extermínio. Para nos convencermos disso, basta reportarmo-nos aos livros de Primo Levi, Perechodnik ou Nyiszli.

Ainda um esclarecimento: a escala do gerenciamento pela ameaça tem limites. Além de certo nível e de certo prazo, o medo paralisa, pois quebra o "moral" do coletivo — mesmo em situações extremas como a guerra (por exemplo, a derrocada do Exército americano no Vietnã ou a pressa do comando aliado em assinar o armistício em 1918). Mas o prazo para os limites se revelarem é imprevisível. A *contrario*, e voltando às teorias clássicas da motivação, a mobilização da inteligência pela gratificação e pelo reconhecimento do trabalho bem-feito não tem limite. E o sistema nazista não se baseava apenas na ameaça, concedendo também boas gratificações a alguns de seus zelosos agentes.

Em outras palavras, as dificuldades na organização da produção existem verdadeiramente, as tensões são inevitáveis, os resultados se obtêm com dificuldade, o sofrimento dos empregados estatutários e dos trabalhadores em empregos precários é autêntico, mas o sistema funciona e parece mesmo poder funcionar duradouramente dessa maneira.

Essa outra faceta da ameaça pode explicar o *consentimento dos gerentes* e mesmo o seu zelo no trabalho. Mas não justifica o fato de não terem dúvidas quanto ao funcionamento, tampouco a confiança que depositam na organização, pois eles sabem quão numerosas são as falhas que cada um procura encobrir.

A perplexidade dos gerentes

O sistema, para funcionar nessas condições de tensão e contradição internas, não pode nutrir-se apenas do consentimento e da resignação ou mesmo da submissão. Além disso, os gerentes, em sua maioria, não se apresentam como seres submissos, mas como colaboradores zelosos da organização e de sua gestão. Essa discrepância entre a experiência prática da gestão e do trabalho real, de um lado, e o discurso satisfeito ou mesmo triunfalista e confiante na descrição gerencial, de outro, não se manifesta às claras, porque ninguém, de seu próprio posto, *sabe avaliar* a resultante dos desempenhos, das falhas e das dissimulações da organização real do trabalho no nível global da empresa. Em face daquilo que poderia gerar dúvida e mesmo desconfiança, existem *avaliações* oficiais, vindas mais de cima, sobre o estado da organização, sobre os ganhos da empresa e sobre o balanço geral das atividades.

No que concerne a esse balanço, cada um, mesmo num posto hierarquicamente elevado, depende da informação que lhe é transmitida pelos outros e cuja veracidade não pode ser apurada. A tese que somos levados a sustentar é que *a informação destinada aos empregados (gerentes ou operários) é falsificada*, mas que é realmente graças a ela que perdura a mobilização subjetiva dos gerentes. A produção dessa informação falsificada depende de uma estratégia específica, à qual daremos o nome de "*estratégia da distorção comunicacional*".

Veremos que a maioria dos empregados da empresa contribui para essa distorção, mas ninguém se julga responsável por ela.

Diante dos resultados dessa pesquisa no setor automobilístico, bem como de muitas outras realizadas em outros setores (Laboratório de Psicologia do Trabalho, Conservatoire National des Arts e Métiers,[10] notadamente Dejours & Torrente, 1995), somos levados a analisar a distorção comunicacional como uma estratégia complexa que implica a articulação de seis elementos (formando um sistema), todos eles indispensáveis ao êxito da mesma. A estratégia da distorção comunicacional é uma estratégia cuja iniciativa parte do alto da hierarquia e que arregimenta, por camadas sucessivas, os níveis inferiores. Pode-se caracterizá-la como a adoção de um *sistema de produção e de controle de práticas discursivas* referentes ao trabalho, à gestão e ao funcionamento da organização. Tal controle se exerce sobre *todos* os atores da empresa.

---

[10] Ver à página 153 a lista de relatórios de estudo desse laboratório.

Capítulo 4

A mentira instituída

Já discorremos longamente sobre o real (capítulo 2). Vale lembrar que o real é aqui entendido como aquilo que, na experiência do trabalho, se dá a conhecer ao sujeito por sua resistência ao domínio, ao *savoir-faire*, à competência, ao conhecimento e até à ciência. A experiência do real no trabalho se traduz pelo confronto com o fracasso. Tal fracasso tanto pode ser concernente à ordem *material* das máquinas, das ferramentas, das instalações etc., quanto à ordem *humana e social*. Para os que têm como tarefa dirigir os homens, o fracasso imposto ao *savoir-faire* gerencial pela resistência psíquica à mudança, pela insubmissão, a indisciplina, as greves etc. está ligado ao real (no caso, o "real do social"). Na atualidade, o real no trabalho é objeto de uma negação generalizada, tanto por parte dos teóricos quanto dos gestores e até da comunidade cientifica, com exceção dos ergonomistas (Wisner, 1995; Daniellou, Laville & Teiger, 1983), dos médicos do trabalho (Clot, 1995) e de certos antropólogos do trabalho (Sigaut, 1991).

1. A estratégia da distorção comunicacional

A expressão "distorção comunicacional" foi tomada emprestada de Habermas (1981) e sua "teoria do agir comunicacional". Se aqui a empregamos é porque a análise empírica das situações de trabalho contemporâneas indica que a discrepância entre a organização prescrita e a organização real do trabalho só pode ser racionalmente administrada mediante uma composição entre pontos de vista distintos sobre o funcionamento e o estado do processo de trabalho. Às vezes, os pontos de vista divergem muito entre os agentes. Não porque somente alguns teriam razão, enquanto os outros estariam errados. Nenhuma análise "objetiva" é suficiente para distinguir o verdadeiro do falso, na medida em que a complexidade da realidade e a massa de informações ou de experiências que seria preciso reunir para estabelecer a verdade dos fatos no mundo objetivo é uma tarefa impossível em tempo real. As opiniões de cada um se baseiam tanto na experiência direta do trabalho quanto em informações obtidas indiretamente através de "indicadores" ou "pontos de controle". Portanto, para gerir racionalmente o ajustamento da organização do trabalho é preciso chegar a uma *composição*, após deliberação, entre as opiniões e os pareceres dos diferentes grupos e coletivos de trabalho envolvidos na organização, nos métodos, na supervisão e na execução das tarefas.

Se composições racionais são possíveis, elas passam necessariamente pela discussão de opiniões e experiências formuladas em reunião de grupo. Isso pressupõe que haja um "espaço de discussão", condições de mútua compreensão e uma mobilização subjetiva dos operadores nesse debate.

"Espaço de discussão" é aqui tomado no sentido conceitual de espaço que prefigura e contribui para alimentar ou engendrar o "espaço público". Os "pontos de vista" forjados pelos agentes e formulados verbalmente não são "puros", porquanto não se fundamentam exclusivamente em argumentos técnicos e científicos. Trabalhar, na verdade, é não apenas exercer atividades produtivas, mas também "conviver". Assim, uma organização do trabalho racional deve antes de tudo preocupar-se com a eficácia técnica, mas deve também incorporar argumentos relativos à convivência, ao viver em comum, às regras de sociabilidade, ou seja, ao mundo social do trabalho, bem como argumentos relativos à proteção do ego e à realização do ego, ou seja, à saúde e ao mundo subjetivo.

Um argumento impuro, ou seja, que associa às referências técnico-científicas elementos relativos ao mundo social e ao mundo subjetivo, constitui uma *opinião*.

O espaço específico onde se enunciam e se confrontam as opiniões é o espaço público. Sendo a empresa juridicamente uma pessoa "privada", parece impróprio referir-se à organização do trabalho como espaço "público". Eis por que retemos aqui a noção de espaço de discussão construído como espaço público porém interno à empresa.

O confronto de opiniões apresenta numerosas dificuldades práticas — analisadas alhures (Dejours, 1992) — que se apresentam como outras tantas fontes de distorção da comunicação (entre os agentes), as quais Habermas denomina "patologia da comunicação". Embora essa "patologia" comprometa o ideal da racionalidade comunicacional, este continua sendo um ideal organizador para a discussão.

Entre os distúrbios que afetam a comunicação, alguns dizem respeito à mensagem propriamente dita, como veremos mais adiante. Porém, afora as perturbações voluntárias do espaço de discussão, sabemos também que as dificuldades da comunicação no tocante às questões suscitadas pelo ajustamento da organização do trabalho não podem, por razões teóricas, ser totalmente superadas. Também a mentira não é senão uma das formas de perturbação, ao passo que outros componentes involuntários, inintencionais ou inconscientes provocam igualmente deformações na discussão. Eis por que a análise aqui proposta, mesmo sendo normativa, não se enquadra imediatamente numa perspectiva de condenação moral ou de denúncia. Nossa investigação, mesmo valendo-se de estudos feitos *in loco*, se enquadra essencialmente numa perspectiva teórica: elucidar e distinguir as formas típicas de distorção da comunicação nas situações de trabalho, quando estas sofrem os efeitos de métodos de gestão especificamente associados ao neoliberalismo econômico.

Neste capítulo, todavia, procuramos caracterizar uma forma particular de distorção que denominamos "estratégia da distorção comunicacional", para destacar que ela é não apenas intencional, mas estratégica.

A negação do real do *trabalho* constitui a base da distorção comunicacional. Está em geral associada à negação do *sofrimento* no trabalho. De fato, a negação do real, que implica a supervalorização da concepção e do gerenciamento, leva infalivelmente a interpretar os fracassos do trabalho usual como resultado da incompetência, da falta de seriedade, do desleixo, da falta de preparo, da má vontade, da incapacidade ou do erro humanos. Essa interpretação pejorativa das condutas humanas é sintetizada na noção de *"fator humano"*, usada pelos especialistas da segurança, da confiabilidade e da prevenção. E esse juízo pejorativo repercute dolorosamente na vivência do trabalho dos que se veem assim privados de reconhecimento e não raro são levados a dissimular as dificuldades que a experiência do real da tarefa lhes apresenta. O trabalho, ao contrário do que sugere essa concepção dominante do fator humano, é precisamente aquilo que os trabalhadores devem acrescentar aos métodos e à organização do trabalho prescrita, para fazer face àquilo que não foi previsto e que por vezes não pode estar ao nível da concepção (Davezies, 1990; Dejours, 1994): "O trabalho é a atividade coordenada de homens e mulheres para fazer face ao que não se pode obter pelo estrito cumprimento das prescrições". (No tocante a essa questão, remetemo-nos também a Böhle e Milkau, 1991.)

A negação do real do trabalho, como vimos anteriormente, diz respeito essencialmente aos gerentes e aos engenheiros, mas é largamente partilhada por todos os que tenham grande confiança no poder de domínio da ciência sobre o mundo objetivo (Dejours, 1995).

A estratégia da distorção comunicacional se baseia principalmente na *negação* do real do trabalho. Mas esta é indissociável das crenças alimentadas pelo sucesso das "novas tecnologias", das ciências cognitivas e do desenvolvimento dos trabalhos sobre a inteligência artificial.

A negação não se limita ao desconhecimento do real. Resiste à prova da verdade da experiência, quando as dificuldades encontradas no exercício do trabalho não chegam ao conhecimento dos gerentes. Vale dizer, quando ficam confinadas à "base" e não são assumidas pelos gerentes. Já vimos que, na atual conjuntura, o "gerenciamento pela ameaça", respaldado na precarização do emprego, favorece o silêncio, o sigilo e o cada um por si. *Tais obstáculos ao aparecimento da verdade sempre estiveram presentes na organização do trabalho, mas a manipulação da ameaça, que faz calar as opiniões contraditórias e confere à descrição "oficial" do trabalho um domínio sobre as consciências, está incomparavelmente mais difundida do que há 20 anos.*

Paradoxalmente, os próprios trabalhadores se tornam cúmplices da negação do real do trabalho e do progresso da doutrina pejorativa do fator humano, graças ao seu silêncio, à sonegação de informações e à desenfreada concorrência a que se veem mutuamente constrangidos.

2. A mentira propriamente dita

A mentira consiste em *produzir* práticas discursivas que vão ocupar o espaço deixado vago pelo silêncio dos trabalhadores sobre o real e pela supressão do *feedback*. A mentira consiste em descrever a *produção* (fabricação ou serviço) *a partir dos resultados,* e não a partir das atividades das quais eles são decorrentes. Esta é a primeira característica. A segunda consiste em construir uma descrição que só leva em conta os resultados *positivos* e, logo, mente, por omitir tudo que represente falha ou fracasso. A produção de tal discurso não resulta de um erro de avaliação ou de uma ingenuidade, mas de uma duplicidade. Esta última, porém, encontra justificativa em argumentos comerciais e gerenciais: a cotação da bolsa, o volume de vendas, o julgamento comercial dos produtos lançados no mercado etc., tudo isso depende diretamente da imagem da empresa, dos indicadores da qualidade de seu funcionamento e de seu "estado de saúde" social e técnico (por exemplo, em certas empresas nacionais, tendo em vista sua privatização).

3. Da publicidade à comunicação interna

O discurso oficial sobre o trabalho e sua organização é pois construído sobretudo para servir a uma propaganda visando ao *exterior* da empresa: o mercado, a clientela etc. Na verdade, contudo, atualmente ele é também construído para servir a objetivos "internos", da "cultura da empresa", que preconizam o rigoroso ajustamento da produção e da organização do trabalho às exigências do mercado e da clientela, devendo, além disso, atestar a satisfação e a felicidade dos empregados que trabalham na empresa. No todo, a descrição ganha o lisonjeiro título de "valorização", noção que teve um desenvolvimento considerável no discurso modernizado das organizações.

A eufemização do real do trabalho e do sofrimento de quem produz não tem nada de novo em si. Também a mentira comercial é bastante antiga. A novidade é a orientação das práticas discursivas de "valorização" para dentro da empresa, visando aos atores da organização. Em virtude mesmo das práticas discursivas adotadas pelos atores sociais, em particular pelas organizações sindicais, com relação à segurança, aos acidentes, às doenças profissionais, aos conflitos internos da empresa etc., parece pouco realista, ultimamente, tentar uma propaganda de tipo comercial voltada para os próprios empregados.

Um elemento novo tornou possível essa nova orientação: a organização de numerosas empresas mediante fragmentação em "centros de resultados", "centros de lucros" ou em "diretorias por objetivo". Segundo tal disposição, cada unidade, seja de produção, direção, consultoria, formação, gestão, contabilidade etc., tem que "vender" seus serviços às demais unidades da empresa, que podem eventualmente preferir e escolher um parceiro externo, caso este apresente vantagens em termos de qualidade ou custos. Assim, as diferentes estruturas da empresa vão progressivamente estabelecendo entre si relações do tipo comercial. Cada qual tem portanto que "se vender", fazer sua própria publicidade e encontrar formas de "valorização" de suas habilidades, de suas competências, de seus resultados etc. Cada serviço, cada unidade dedica assim uma parcela cada vez mais importante de seu tempo a fabricar sua imagem, a gabar seus méritos, a produzir folhetos ou prospectos lisonjeiros, a difundi-los dentro e fora da empresa etc.

Cada uma dessas obras de valorização emprega mais ou menos os mesmos artifícios que a mentira comercial. À falta de *feedback*, enquanto reina o silêncio sobre o real do trabalho, reconstroem-se aqui e ali descrições do trabalho e da organização do trabalho que deturpam a realidade e que são falazes e mentirosas.

Assim, cada qual é chamado a contribuir para a valorização e a mentira que ela implica. Por outro lado, cada qual só recebe informações sobre os demais serviços através de documentos e práticas discursivas igualmente cheios de distorções.

Em breve, impõe-se a todos uma *disciplina*, que consiste em defender e sustentar a mensagem de valorização, bem como abster-se de qualquer crítica, em nome da perenidade do serviço e da solidariedade em face da adversidade e da concorrência. Desse modo, a prática discursiva da publicidade acaba por ganhar todos os setores da empresa. Compreende-se assim como um discurso — visando primeiramente ao exterior, à clientela, ao mercado — chega a atingir todos os atores convocados a adotar o princípio do clientelismo generalizado. De modo que a mentira pode concorrer eficazmente com a discussão e a deliberação sobre o real do trabalho e sobre o sofrimento dentro da empresa.

4. O apagamento dos vestígios

Trata-se, nesse caso, de um elemento mais complexo. A mentira só pode resistir à crítica quando se eliminam as principais provas em que esta última poderia basear sua argumentação. Aqui já não se trata simplesmente de silêncio e dissimulação. É preciso fazer sumir os documentos comprometedores, calar as testemunhas ou livrar-se delas marginalizando-as, transferindo-as ou demitindo-as. O apagamento dos vestígios não consiste apenas em omitir os fracassos, em encobrir os acidentes de trabalho, pressionando os empregados a não os denunciarem, em sonegar informações sobre os incidentes que afetem a segurança das instalações ou em disfarçá-los sucessivamente. Consiste também, ao que parece, em apagar a lembrança de práticas do passado que possam servir de referência à comparação crítica com a época atual. Muitas são as fórmulas empregadas, mas parece que o maior obstáculo ao apagamento dos vestígios é a presença dos "antigos", que possuem uma experiência de trabalho acumulada ao longo de muitos anos. Em regra, a estratégia consiste em afastar esses atores das áreas críticas da organização, em privá-los de responsabilidades e até em demiti-los.

Uma operação desse tipo está sendo realizada atualmente na Previdência Social, onde se pede aos diretores que façam tudo que estiver ao seu alcance para afastar as mulheres com idade de 35 a 45 anos, pois elas guardam a lembrança das antigas práticas previdenciais e resistem firmemente às pressões da chefia para fazer economias que prejudiquem os segurados e os serviços a que têm direito. Mas a referência ao direito, na prática, constantemente remete ao passado. Se fosse possível livrar-se dessas funcionárias "pró-memória", seria mais fácil pôr em prática novas orientações de ação social.

Em outras empresas, põem-se de lado sistematicamente os "antigos", os experientes, e contratam-se indivíduos com dois anos de universidade, sem qualificação técnica, confiando-lhes unicamente funções de controle e gerência. Tal disposição está associada ao recurso generalizado à terceirização, sempre que assalariados deixam o emprego, a fim de substituí-los por pessoas que, não sendo vinculadas estatutariamente à empresa, não podem contribuir para a deliberação coletiva com sua experiência do trabalho e do real. Assim vão sendo sucessivamente apagados os *vestígios da degradação* ou dos fracassos nas áreas da qualidade e da segurança (Lallier, 1995). O apagamento dos vestígios é de capital importância. Destina-se a eliminar aquilo que poderia servir de *prova*, em caso de processos ou acusações. Isso significa que o apagamento dos vestígios visa não só aos elementos de dentro da empresa que pretendam opor resistência, mas também aos de fora que necessitem de provas para acusar ou condenar (em especial os juízes) ou simplesmente informar (os jornalistas).

Pouco importa, afinal, que a mentira seja reconhecível por testemunhas diretas. Em todo caso, considerando o atual clima psicológico e social, tais testemunhas provavelmente terão o cuidado de guardar para si aquilo que sabem. A verdade permanece em domínio privado. O que importa, o que preocupa é o espaço público, seja com relação ao exterior da empresa e à clientela potencial, seja com relação àquilo que um debate público poderia desencadear dentro da própria empresa, em caso de crise. O que as empresas temem são os processos judiciais que possam resultar em debates públicos. Mas quando os vestígios são previamente apagados, faltam as provas necessárias à instrução do processo e à inculpação, e o caso é considerado improcedente. Assim é possível manter o silêncio e a estabilidade da mentira.

5. A mídia da comunicação interna

Nem sempre é fácil sustentar de modo fundamentado uma mentira em face de uma crítica ou um pedido de explicação. Para sustentar as práticas discursivas falaciosas de cada um, utilizam-se meios de comunicação específicos. A *comunicação* é aqui a palavra-chave da estratégia. Em nome dela se produzem documentos que se enquadram no sentido oposto à racionalidade comunicacional (no sentido que Habermas confere à expressão). A justificação de documentos concisos, simplificadores e até simplistas ou espalhafatosos se baseia no mesmo argumento constantemente invocado por todas as organizações: as pessoas não têm tempo para ler nem documentar-se; logo, é preciso ser direto para não sobrecarregá-las e para se ter uma chance de ser entendido, lido ou simplesmente notado.

Tal argumento é quase sempre associado a outro: os destinatários desses documentos não são competentes nas áreas específicas onde se tenta "comunicar" a mensagem de valorização. Logo, é preciso que ela seja simples, fácil de compreender, sem termos técnicos. Em outras palavras, os leitores são considerados, *a priori*, ignorantes ou mesmo cretinos. Pois que continuem assim! Nada de imprecisões, de sutilezas capazes de despertar a curiosidade, o questionamento, a perplexidade. Isso seria ruim, tanto para a imagem da empresa quanto para o mercado. Por isso o trabalho de pôr em forma documental é confiado a — ou dirigido por — especialistas da comunicação, que são tanto mais indicados porque, sendo tecnicamente incompetentes na área a ser valorizada, podem facilmente desempenhar o papel de ingênuos e de leitores experimentais.

Assim as práticas discursivas vão sendo progressivamente uniformizadas por baixo, com vistas ao discurso padronizado, sempre apelando para os *slogans*, os estereótipos, as fórmulas prontas, que desgastam o conteúdo semântico. As entrevistas que servem de base aos artigos são feitas às pressas e, cada vez mais, por telefone. Essa onda de simplificação eficaz e mentirosa invade os boletins e os periódicos internos de informação nas empresas e nos serviços, e até mesmo — é o cúmulo! — nos centros de pesquisa científica, cada vez mais preocupados em sintonizar com os novos métodos de gestão. A técnica utilizada é a mesma dos meios de comunicação de massa.

A par da deformação publicitária dita de *valorização*, a falsificação também é largamente empregada com outro fim. Trata-se dos meios utilizados para promover os chamados novos modos de gestão, as reformas gerenciais, as reformas estruturais, os novos métodos de administração dos recursos humanos etc., vale dizer, as ondas de organização do trabalho, de gerenciamento e de administração que se sucedem em ritmo crescente nas empresas atuais. Não é fácil introduzir uma *mudança estru-*

tural que revoluciona os hábitos, os usos, os costumes, os modos de trabalho, as formas de cooperação, a convivência, o controle, o comando, as qualificações etc. A *explicação* da importância e a *justificação* da mudança introduzida, em todos os níveis da empresa, são dificultosas. Geralmente as reformas desejadas por acionistas e/ou políticos são inspiradas por consultores, conselheiros e até cientistas e acadêmicos. Incontáveis são as referências a trabalhos de pesquisa, sobretudo em sociologia, em psicologia e, mais recentemente, em filosofia e ética. Porém o uso que se faz dessas referências, na prática da *comunicação* dos motivos da reforma proposta, é bastante singular. Geralmente, se não sempre, elas sofrem deformações ou verdadeiras falsificações para que pareçam estar de acordo com a cultura da empresa, com as práticas discursivas e os métodos gerenciais específicos à organização. Certos especialistas têm, pois, a função de "formatar" — isto é, pôr em forma "pragmática" — os conhecimentos científicos de referência. Os intermediários indispensáveis a essa tarefa são os consultores, que não são pesquisadores mas têm alguma formação científica, ou então os "tradutores" internos da empresa, que fazem resumos, sinopses e relatórios de reuniões, seminários e conferências que contam com a participação de acadêmicos e pesquisadores. A leitura desses "relatórios", quando isso é possível, por um pesquisador ou acadêmico, após sua passagem pela empresa, costuma ser desconcertante. A deformação do conteúdo e da forma não é absolutamente resultado de mera ignorância, mas de vários entendimentos entre o serviço de comunicação e a direção, bem como de correções *acordadas* dos textos a serem divulgados. Mas que ninguém se iluda! Os cientistas, os pesquisadores e os acadêmicos, mediante substancial remuneração, aceitam por vezes meter a mão na massa, endossando a estratégia da distorção comunicacional ou mesmo nela participando ativamente.

Por fim, e essa é a última característica da formalização midiática interna, apela-se bastante para a qualidade da diagramação, que deve ser atraente e agradável, e sobretudo para a *imagem*. A imagem ilustra o texto — ou melhor, o substitui. O recurso à imagem demanda o funcionamento imaginal[11] e a apreensão imaginária em vez da reflexão, da crítica, da análise e, de modo geral, da atividade de pensar com a qual compete o imaginário. Os especialistas da mídia e da publicidade comercial há muito

---

[11] Modo de funcionamento psíquico "arcaico" que se baseia na mobilização das imagos. Imago é um termo psicanalítico empregado por Freud para designar um "protótipo inconsciente de personagens que orienta eletivamente o modo pelo qual o sujeito apreende o outro; a imago é elaborada a partir das primeiras relações intersubjetivas e imaginárias com o ambiente familiar" (Laplanche & Pontalis, 1967:196).

que conhecem a eficácia desse modo de funcionamento. A novidade é o endosso da distorção comunicacional pela mídia específica interna e externa aos serviços, às unidades e às estruturas da *empresa*. O caminho percorrido nessa direção é já considerável. As verbas destinadas a essa mídia são exorbitantes e não raro surpreendem e chocam os demais empregados da empresa.

6. A racionalização

De que servem, afinal, todos esses folhetos, prospectos e boletins que ninguém, na empresa, ignora que são mentirosos? Por que não vão todos direto da mesa para a cesta de lixo? Por que se gasta tanto dinheiro para produzir e divulgar tais documentos? Decerto não é a fundo perdido.

Segundo nossas pesquisas, toma-se conhecimento desses documentos, em vez de descartá-los, por três razões:

- primeiro porque constituem uma fonte de informação sobre os resultados, os êxitos dos outros (mas não sobre o funcionamento *stricto sensu*), ou sobre aquilo que se pretende fazer passar por resultados (pois é impossível distinguir o que é somente papel e imagem daquilo que corresponde a uma estrutura ou a um funcionamento real), na empresa, num dado período;

- porque assim somos informados não da verdadeira situação da empresa, mas da mentira. De fato, tão importante quanto conhecer a verdade é saber onde está a mentira na empresa, como ela é dita e como ela deforma os fatos de que se tem conhecimento pessoal. Tais documentos não dão conta do estado de coisas, mas funcionam como um barômetro ou um termômetro do que está em voga, do que agrada, do que é dito, assim como do que desaparece no silêncio, dos valores que estão em alta ou em baixa na cotação da *doxa* e da cultura empresarial;

- enfim, porque esses documentos ensinam a quem os lê, notadamente os gerentes, como se deve falar em reunião com os colegas ou a direção. Ensinam o tato, a prudência, as críticas que não se devem formular em público, considerando o relatório elogioso que acabou de ser divulgado sobre determinado serviço ou gerente cujo retrato lisonjeiro mostra que é melhor se fazer passar por um de seus amigos ou íntimos do que por um de seus detratores; ensinam as maneiras e os *slogans* que cumpre conhecer e saber usar para agir etc. Em outras palavras, tais documentos indicam as linhas mestras do *conformismo* em relação à evolução do espírito da casa.

Seriam tais razões suficientes para garantir a perenidade e o sucesso desses documentos de "comunicação"? Isso não é certo. A elaboração desses documentos exige uma enorme soma de trabalho, e não apenas o empenho de uma diligente equipe especializada. Requer igualmente o trabalho de todos os que os produzem, no âmbito mais restrito de um serviço ou setor, e sobretudo a ampla colaboração de todos os que são entrevistados ou convidados pela equipe de redação a redigir os textos a serem incluídos no documento principal com sua assinatura. Assim, a distorção comunicacional não se leva a cabo somente por uma estratégia experimentada *passivamente* pelos leitores e os trabalhadores da empresa. Ela pressupõe a *ação* voluntária e constante de um grande número de pessoas e sobretudo uma intensa cooperação. Além disso, o problema apresentado pela estratégia da distorção comunicacional tem a ver com sua *eficácia* no que tange à administração da defasagem entre descrição gerencial e descrição subjetiva do trabalho. De fato, a mídia substitui o debate que seria necessário para confrontar as duas descrições do trabalho e poder assim chegar à verdade e à realidade da situação dentro da empresa, tendo inclusive acesso a ações e decisões racionais na gestão da organização do trabalho.

Que a maioria dos gerentes consinta em que haja distorção comunicacional, sem protestar, já causa espécie. Eles sabem que se trata de mentira, pois contribuíram para produzi-la, graças à sua própria participação na mídia em questão. Como podem, nessas condições, aderir ao seu conteúdo a ponto de às vezes assumi-lo e tomá-lo como base de sua confiança no sistema e de seu discurso sobre o trabalho?

Talvez porque essa prática discursiva de distorção comunicacional funcione para eles como um recurso importante no que concerne à "racionalização" da mentira.

Na verdade, sua negação do sofrimento e da injustiça que os outros padecem na empresa, por um lado, e sua participação na construção da mentira organizacional, por outro, constituem por sua vez uma fonte de sofrimento. Sua responsabilidade no infortúnio dos outros, nem que seja por seu silêncio e sua passividade, quando não por sua colaboração na mentira e no apagamento dos vestígios, deixa a maioria deles numa situação de mal-

-estar psicológico. É bem verdade que, se eles consentem, é essencialmente por causa da ameaça de demissão que paira sobre suas cabeças. Mas cometer atos reprováveis ou ter atitudes iníquas com os subordinados, fingindo ignorar-lhes o sofrimento, ou com colegas com os quais, para permanecer no cargo ou progredir, é forçoso ser desleal, isso faz surgir um outro sofrimento muito diferente do medo: o de *perder a própria dignidade* e trair seu ideal e seus valores. Trata-se portanto de um "sofrimento ético", que vem acrescentar-se ao sofrimento causado pela submissão à ameaça. Do ponto de vista psicodinâmico, é absolutamente necessário estabelecer uma nítida distinção entre esses dois tipos de sofrimento. É para fazer face a esse sofrimento muito específico que se recorre à *racionalização* da mentira e de atos moralmente repreensíveis. Deve-se entender "racionalização" no sentido psicológico do termo, e não em seu sentido cognitivo ou sociológico. "Racionalização" designa aqui uma defesa psicológica que consiste em dar a uma experiência, a um comportamento ou a pensamentos reconhecidos pelo próprio sujeito como inverossímeis (mas dos quais ele não pode prescindir) uma aparência de justificação, recorrendo a um raciocínio especioso, mais ou menos obscuro ou sofisticado.

No presente caso, a racionalização é uma justificação de uso coletivo, social e político, baseada num raciocínio especioso ou paralógico.

A *racionalização* aparece apenas discretamente nos órgãos de comunicação interna, pelo menos atualmente. Estes últimos, no entanto, constituem uma das fontes de alimentação da racionalização, embora não sejam a fonte principal. A racionalização retoma a totalidade dos elementos da mentira, não para justificá-los um por um, mas para produzir uma justificação global de seu princípio, em nome de uma racionalidade externa à própria mentira. Racionalidade que se apoia num discurso científico, ora distorcido, ora retomado sem distorção, mas com uma manipulação paralógica de seu uso. Em suma, trata-se de demonstrar, pela racionalização, que a mensagem, mesmo sendo deplorável, é um *mal necessário* e inevitável. Furtar-se a ela seria ir contra o sentido da história. Contribuir para ela é acelerar a passagem de uma fase histórica dolorosa (mas comparável, afinal, à dor necessária à punção de um abscesso) a uma fase de alívio. Aqui a racionalidade invocada é certamente a razão econômica, mas também veremos que esta quase sempre se insinua em outras considerações ligadas à racionalidade social, em virtude de princípios bastante suspeitos no plano moral-prático.

Capítulo 5

A aceitação do "trabalho sujo"

O problema que ora levantamos é o da participação de "pessoas de bem" — em grande número, se não em massa — no mal e na injustiça cometidos contra outrem. Entendemos por "pessoas de bem" os indivíduos que não são nem sádicos perversos nem paranoicos fanáticos ("idealistas apaixonados") e que dão mostras, nas circunstâncias habituais da vida normal, de um senso moral que tem papel fundamental em suas decisões, suas escolhas, suas ações.

1. As explicações convencionais

A explicação em termos da racionalidade estratégica

Segundo tal explicação, a participação *consciente* do sujeito em atos injustos é resultado de uma atitude calculista. Para manter seu lugar, conservar seu cargo, sua posição, seu salário, suas vantagens e não comprometer seu futuro e até sua carreira, ele precisa aceitar "colaborar". Essa explicação pressupõe que o sujeito esteja em condições de proceder a um cálculo racional, o que nem sempre é o caso, pois as decisões sobre "enxugamento e as indicações para as listas de demissões nem sempre são previsíveis. A experiência mostra que uma perfeita colaboração nos atos injustos exigidos pela hierarquia não previne absolutamente contra a demissão. A subserviência pode até mesmo precipitá-la. A relação entre conduta e recompensa (ou sanção) é deveras instável, e as conjecturas não são fáceis. Muitos gerentes já viram acontecer tais reviravoltas. Eles estão conscientes disso e, apesar da incerteza, geralmente colaboram, como se estivessem certos da concretização de suas previsões otimistas. Também entre os operários, vimos que a ameaça de demissões individuais, por vezes associada à ameaça de falência da empresa, permite obter deles mais trabalho e melhor desempenho, quando não sacrifícios, sob pretexto de que é preciso fazer, individual e coletivamente, um "esforço extra". "Se vencermos essa etapa difícil, poderemos tornar a fazer contratações" — eis o argumento reiteradamente utilizado na fábrica de automóveis de que falamos antes. Operários e gerentes aceitam trabalhar ainda mais. Logo em seguida, porém, aproveita-se esse novo desempenho para transformá-lo em norma e justificar um novo enxugamento de pessoal. Além disso, a ameaça recrudesce e não traz a segurança tão desejada com relação ao emprego. Assim tem sido quando se intensifica o ritmo de trabalho, desde que passou a vigorar o sistema fordiano. Todos o sabem, todos o temem e, no entanto, todos consentem.

Haverá quem oponha a esse paradoxo entre consciência do risco associado à obediência e à colaboração, de um lado, e conduta de consentimento, de outro, a dificuldade — real — de fazer conjecturas ou cálculos sobre os riscos e os interesses pessoais. Não sendo possível fazer cálculos, cada qual "vai na onda" e ajusta a própria conduta à dos demais para não correr o risco de agravar a situação "fazendo-se notar" ou singularizando-se. Em outras palavras, ao cálculo de racionalidade sucedem o oportunismo e o conformismo, que não são estratégias irracionais.

Pois que seja! Isso inegavelmente representa uma contribuição nada desprezível para a colaboração (ou a injustiça), tanto no caso dos operários que aceitam usar os meios que estejam ao seu alcance para comprometer o colega, aumentando-lhe as chances de ser incluído na próxima lista de demissões, quanto no caso dos gerentes que aceitam fazer o mesmo em relação a seus iguais e seus subordinados.

Por que um observador de fora, um terceiro, ao tomar conhecimento dessas condutas de "colaboração" no mal, logo formula um ponto de vista crítico ou mesmo um juízo de desaprovação?

Porque seu *senso moral* funciona. Ele entende que não aceitaria cometer atos dessa natureza, os quais reprova. Mas a maioria dos que se tornam "colaboradores" também possui, como o observador de fora, um senso moral. E esse senso moral não é tão oportunista quanto se crê ou afirma. Muitas situações observadas na prática mostram que, ao contrário, o senso moral amiúde prevalece ao cálculo estratégico ou ao instinto — ainda que seja "de conservação" — ou ainda ao desejo ou à paixão. A rigidez do senso moral está no cerne de toda a psicopatologia das *neuro-*

ses, das quais os sintomas, o sofrimento e o senso são precisamente manifestações. Os operários e os gerentes, em sua esmagadora maioria, acaso seriam diferentes da população geral, que em peso está sujeita à culpa e aos distúrbios psiconeuróticos?

A explicação em termos do cálculo estratégico é insuficiente na medida em que não leva em conta o destino do senso moral, o qual no entanto constitui importante obstáculo à flexibilidade das condutas humanas.

A explicação em termos da criminologia e da psicopatologia

Essa explicação tem a vantagem de fornecer uma resposta à objeção precedente. Os "colaboradores" e os "líderes" das ações injustas (ou da injustiça para com outrem) seriam essencialmente perversos e paranoicos: os *perversos* são os que precisamente, do ponto de vista psicopatológico, apresentam uma particularidade de funcionamento das instâncias morais (superego, ideal do ego, conflito entre ego e superego etc.) em virtude da qual um arranjo permite ao sujeito funcionar, se necessário, segundo um ou outro de dois registros antagônicos — um que é moral e outro que ignora a moral, sem comunicação entre os dois modos de funcionamento (tópico da clivagem do ego). Os *paranoicos*, ao contrário, são dotados de uma rigidez moral máxima em comparação com todas as demais estruturas de personalidade descritas em psicologia. Esse senso moral funciona rigorosamente — mas em falso — devido a uma distorção denominada paralogismo. No caso, os paranoicos geralmente se acham nos postos de comando, na posição de líderes da injustiça — cometida todavia em nome do bem —, da necessidade, da expurgação, da justa austeridade e de uma racionalidade cujas premissas, tão somente, são errôneas. Assim, perversos e paranoicos cumprem efetivamente importante papel na construção da doutrina e na ação: são menos "colaboradores" do que líderes da injustiça infligida a outrem. São eles que concebem o sistema.

Mas não se pode admitir que, constituindo a maioria dos atores, os zelosos colaboradores do sistema envolvidos na mentira e na injustiça sejam todos perversos ou paranoicos. A colaboração zelosa, ou seja, não somente passiva mas voluntária e ativa, é de uma maioria de sujeitos que não são perversos nem paranoicos, ou seja, que não apresentam maiores distúrbios do senso moral, e que possuem, como a maioria da população, um senso moral eficiente.

Chegamos assim ao problema mais difícil: o do destino do senso moral e de sua aparente abolição na participação na injustiça e no mal cometidos conscientemente contra outrem; em particular, no exercício ordinário do trabalho, segundo os princípios do gerenciamento pela ameaça, no contexto geral de precarização do emprego. Em outras palavras, precisamos de uma análise e de uma interpretação da *banalidade do mal* não somente no sistema totalitário nazista, mas também no sistema contemporâneo da sociedade neoliberal, em cujo centro está a empresa. Porquanto a banalidade do mal diz respeito à maioria dos que se tornam zelosos colaboradores de um sistema que funciona mediante a organização regulada, acordada e deliberada da mentira e da injustiça.

2. A explicação proposta: a valorização do mal

O mal nas práticas ordinárias do trabalho

O mal, no âmbito deste estudo, é a tolerância à *mentira*, sua não denúncia e, além disso, a cooperação em sua produção e difusão. O mal é também a tolerância, a não denúncia e a participação em se tratando da *injustiça e do sofrimento infligidos a outrem*. Trata-se sobretudo de infrações cada vez mais frequentes e cínicas das leis trabalhistas: empregar pessoas sem carteira de trabalho para não pagar as contribuições da Previdência Social e poder demiti-las em caso de acidente de trabalho, sem penalidade (como na construção civil ou nas firmas de mudanças); empregar pessoas sem pagar o que lhes é devido (como nos estabelecimentos semiclandestinos de confecções); exigir um trabalho cuja duração ultrapassa as autorizações legais (como no transporte rodoviário, onde se obrigam os motoristas a dirigir por mais de 24 horas seguidas) etc. O mal diz respeito igualmente a todas as injustiças deliberadamente cometidas e publicamente manifestadas, concernentes a designações *discriminatórias* e manipuladoras para as funções mais penosas ou mais arriscadas; diz respeito ao desprezo, às grosserias e às obscenidades para com as mulheres. O mal é ainda a manipulação deliberada da *ameaça*, da chantagem e de insinuações contra os trabalhadores, no intuito de desestabilizá-los psicologicamente, de levá-los a cometer erros, para depois usar as consequências desses atos como pretexto para a demissão por incompetência profissional, como sucede amiúde com os gerentes. São também as práticas correntes de dispensa sem aviso prévio, sem discussão, especialmente no caso de gerentes que, certa manhã, não podem entrar em sua sala, cuja fechadura foi trocada, e que são convidados a ir receber seu salário, a assinar sua demissão e a levar embora seus pertences, que já foram colocados junto à porta de saída. O mal é também a participação nos planos sociais, isto é, nas demissões cumuladas de falsas promessas de assistência ou de ajuda para tornar a obter emprego, ou então ligadas a justificações caluniosas para a incompetência, a inadaptabilidade, a lerdeza, a falta de iniciativa etc. da vítima. O mal é ainda manipular a ameaça de precarização para submeter o outro, para infligir-lhe sevícias — sexuais, por exemplo — ou para obrigá-lo a fazer coisas que ele reprova moralmente, e, de modo geral, para amedrontá-lo.

É sabido que todos esses sofrimentos e injustiças infligidos a outrem são comuns em todas as sociedades, até mesmo as democráticas. Qualificamos aqui como *mal* todas essas condutas quando elas são:

- instituídas como *sistema* de direção, de comando, de organização ou de gestão, ou seja, quando elas pressupõem que a todos se aplicam os títulos de vítimas, de carrascos, ou de vítimas e carrascos alternativa ou simultaneamente;

- públicas, *banalisadas*, conscientes, deliberadas, admitidas ou reivindicadas, em vez de clandestinas, ocasionais ou excepcionais, e até quando são consideradas corajosas.

Hoje, em muitas empresas, o que até recentemente era considerado uma falta moral, que se podia evitar e mesmo combater graças a uma coragem nada excepcional, tende a tornar-se *norma* de um sistema de administração das questões humanas no mundo do trabalho: eis-nos portanto no universo do mal cujo funcionamento tentamos analisar.

Participação das pessoas de bem

O problema levantado é pois o da participação das pessoas de bem no mal como sistema de gestão, como princípio organizacional. Quando atos contrários ao direito e à moral são cometidos com a colaboração de pessoas tidas como responsáveis pelo direito comum, diz-se, a respeito destas últimas, que são *cúmplices*. Quando o mal se institui como sistema e se apresenta como norma dos atos civis, não falamos mais de cúmplices, mas de "colaboradores", no sentido adquirido por esse termo para designar os que eram cúmplices do poder nazista durante a II Guerra, na França. O problema é, pois, compreender o processo pelo qual as "pessoas de bem", dotadas de um "senso moral", consentem em contribuir para o mal, tornando-se, em grande número ou mesmo em sua maioria, "colaboradores".

Considerando as inevitáveis dificuldades terminológicas associadas ao uso da noção de "mal", frequentemente empregaremos, neste capítulo, uma expressão mais banal, mais próxima do senso comum, menos conceitual e mais próxima da linguagem concreta: falaremos do "trabalho sujo", expressão que por si só mereceria um esforço de análise e elucidação semânticas, dando atenção particular à dimensão do trabalho que é consubstancial com o mal, nesse campo onde tentamos avançar.

Não basta invocar aqui a resignação ou o consentimento passivo das pessoas de bem, inocentes. Para arregimentar tantos quadros, é preciso ao menos duas condições:

- *líderes* da mentira e do "todo estratégico" em função da *guerra econômica*. Isso não acarreta problema psicopatológico difícil. Em geral os líderes estão nas "posições"[12] de perversos ou de psicóticos compensados (paranoicos abnegados, idealistas apaixonados), como dissemos anteriormente;

---

[12] Em psicopatologia psicanalítica, certos autores recorrem por vezes à noção de "posição": "posição perversa", "posição paranoica", "posição histérica" etc. Essa noção é usada para designar uma postura psicopatológica, uma modalidade reativa global da personalidade e uma problemática conflitual que evocam em todos os aspectos o modo de funcionamento de uma "personalidade" perversa, paranoica ou histérica, com a diferença de que não se trata necessariamente de uma característica constante do funcionamento psíquico. A posição (perversa, paranoica, histérica etc.) pode pois estar presente numa personalidade que não seja nem perversa nem paranoica nem histérica, mas esquizofrênica, por exemplo. Certos esquizofrênicos, por exemplo, permanecem por períodos mais ou menos prolongados numa posição paranoica graças à qual conjuram a dissociação, mas isso não significa que tenham evoluído constantemente para a paranoia.

Analogamente, certos histéricos se defendem recorrendo a uma posição psicopática ou desajustada, também transitoriamente. Fala-se de "posição":

- seja para preciser, a respeito de um paciente, que seu funcionamento atual é outro que não seu funcionamento habitual e discrepante em relação ao que se sabe da "organização de sua personalidade" (os traços invariantes) ou de sua "estrutura de base";

◆ um dispositivo específico para *arregimentar* e *mobilizar* as pessoas de bem para a estratégia da mentira, as estratégias de demissão, as estratégias de intensificação do trabalho e a violação do direito sob o comando dos líderes.

Esse segundo ponto é obviamente o mais enigmático e o mais decisivo. Por muitas razões, não creio que os interesses econômicos sejam suficientes para mobilizar as pessoas de bem. Não que essa motivação esteja ausente, muito pelo contrário, mas porque ela conhece limites. Muitas pessoas de bem não acreditam verdadeiramente nas promessas de privilégio e felicidade com que lhes acenam as empresas hoje em dia. O processo seria antes o seguinte: o que lhes pedem — fazer a seleção para as listas de demissões, intensificar o trabalho para os que permanecem no emprego, violar o direito trabalhista, participar da mentira — não é uma tarefa agradável. Não se pode realizá-la com júbilo. Ninguém — salvo os que se tornam líderes do exercício do mal — gosta de fazer o "trabalho sujo". Ao contrário, é preciso coragem para fazer o "trabalho sujo". Logo, é à coragem das pessoas de bem que se vai apelar para mobilizá-las.

Porém, há aqui um paradoxo: como é possível associar numa mesma entidade o exercício do mal e a coragem? Fazer o mal poderia então ser sinal de uma atitude corajosa? Diz-se que a coragem é uma virtude. Inclusive a coragem diante do inimigo, a coragem diante da morte,

---

◆ seja porque ignoramos ainda sua personalidade ou sua estrutura de base e, por prudência, somente precisamos a "posição" atual, sem adiantar o diagnóstico de personalidade, o qual permanece incerto ou indefinível.

Do ponto de vista clínico, não se deve recorrer com muita frequência a essa noção de "posição", porquanto ela implica o risco de um oportunismo diagnóstico condenável por várias razões metodológicas e práticas que não cabe mencionar aqui. Não obstante, essa noção de "posição" se torna insubstituível, a nosso ver, no caso particular da "posição perversa".

Por quê? Simplesmente porque esta última é uma modalidade de funcionamento de acesso fácil e franqueado a todas as formas de personalidade, se necessário. Recorrer à "posição perversa" atesta não um oportunismo diagnóstico do clínico, mas o oportunismo defensivo de muitos sujeitos que dela podem se valer quando as circunstâncias externas se tornam ameaçadoras. É uma maneira comum de "se avir" com as obrigações morais, por uma forma de duplicidade que é chamada, em psicologia, de "clivagem do ego". Voltaremos a essa questão mais adiante, a propósito de Eichmann (para mais detalhes, ver o capítulo sobre o terceiro tópico ou "tópico da clivagem", em Dejours, 1986).

diante da própria morte. Mas como fazer passar por uma virtude de coragem uma conduta que consiste em cometer uma injustiça contra outrem, *sem que este tenha a possibilidade de se defender*, sem que ele esteja preparado, às suas costas, sem face a face, sem que ele o saiba, a coberto, pois aqui, na maioria dos casos, quem *ordena* o "trabalho sujo" está protegido das *vítimas* por toda uma série de intermediários que o executam e formam um anteparo entre ele e os que vão ser demitidos ou tratados desconforme as regras do direito e da justiça (por exemplo, fazê-los trabalhar 10 horas por dia sem lhes pagar, declarando apenas 39 horas por semana — quando não 35, após fazê-los assinar um contrato de solidariedade, tendo em vista a partilha do trabalho! —, como vimos recentemente numa pesquisa)?

Acaso pode-se considerar — e como? — que tais ações, tais atos, tais decisões sejam virtuosos e resultem da coragem? No entanto é possível, mesmo em circunstâncias mais graves, que tal conduta, no que concerne ao senso moral, seja considerada uma atitude vil, indigna e desonrosa. (Trata-se, nesse caso, dos homens mobilizados na Alemanha nazista para exterminar os judeus da Europa central.)

"Em Jozefow, somente uns 12 homens, entre quase 500, reagiram espontaneamente à proposta do comandante Trapp de serem dispensados da chacina anunciada. Por que foram tão poucos esses homens que primeiro se recusaram? (...) Teve grande importância o espírito corporativo — a identificação elementar do homem uniformizado com seus companheiros de armas *e sua enorme* dificuldade para agir isoladamente.[13] É certo que o batalhão acabara de ser formado; muitos de seus membros ainda não se conhecem muito bem, a camaradagem de caserna ainda não havia cimentado a unidade. Não importa: deixar as fileiras naquela manhã, em Jozefow, significava abandonar seus camaradas e equivalia a confessar-se 'fraco' ou até 'covarde'. Quem 'ousaria', disse um policial, 'desmoralizar-se' diante de todos? 'Se me perguntassem por que atirei junto com todo mundo', afirmou outro, 'eu responderia que, primeiramente, *ninguém quer passar por covarde*'" (Browning, 1992:99).

Temos aí um exemplo terrível, conquanto típico, de subversão da razão ética — coragem/covardia — por influência do juízo de reconhecimento formulado pelos pares sobre a qualidade do trabalho; juízo que põe em jogo a identidade ou sua desestabilização patogênica (fonte de sofrimento — racionalidade pática). Em outras palavras, o policial do

---

[13] Grifo do autor.

101º batalhão procedeu ao contrário do engenheiro da CNF que, para não se tornar cúmplice do mal, agiu isoladamente mas com isso perdeu sua identidade e tentou suicidar-se (ver capítulo 2).

A subversão da razão ética só pode sustentar-se publicamente e lograr a adesão de terceiros quando toma como pretexto o *trabalho*, sua *eficácia* e sua *qualidade*. Se tão somente o que estava em jogo, no âmbito da racionalidade pática[14] (ou seja, o medo de ser desprezado ou o temor de perder o pertencimento ao coletivo, ou seja, as preocupações relativas ao sofrimento e à identidade), fosse levado em consideração para justificar a participação em atos ignóbeis, o policial do 101º seria unanimemente condenado. Na verdade, ele cometeu o mal por motivos estritamente pessoais, mas, cometendo-o em nome do trabalho, isso poderia passar por "desprendimento" ou mesmo dedicação ao outro, à nação, ao bem público.

3. O recurso à virilidade

Há pois aqui uma espécie de alquimia social, graças à qual o vício é transmutado em virtude. Alquimia que afinal se apresenta como totalmente incompreensível e como escândalo insuportável para a razão. Acaso teremos chegado não só além da ciência, mas também além da razão? Talvez não, desde que aceitemos reconsiderar os limites tradicionalmente atribuídos à razão (crítica da racionalidade da ação), acolhendo aí a racionalidade psicoafetiva ou racionalidade pática.

Podemos identificar com precisão o principal ingrediente dessa reação alquímica: chama-se *virilidade*. Mede-se exatamente a virilidade pela violência que se é capaz de cometer contra outrem, especialmente contra os que são dominados, a começar pelas mulheres. Um homem verdadeiramente *viril* é aquele que não hesita em infligir sofrimento ou dor a outrem, em nome do exercício, da demonstração ou do restabelecimento do domínio e do poder sobre o outro, inclusive pela força. Está claro que essa virilidade é construída socialmente, devendo-se distingui-la radicalmente da masculinidade, a qual se define precisamente pela capacidade de um

---

[14] Entende-se por "racionalidade pática" aquilo que, em uma ação, uma conduta ou uma decisão, resulta da racionalidade no que concerne à preservação do eu (saúde física e mental) ou à realização do eu (construção subjetiva da identidade).

homem de distanciar-se, de libertar-se, de subverter o que lhe prescrevem os estereótipos da virilidade (Dejours, 1988).

No presente caso, fazer o "trabalho sujo" na empresa está associado, para os que exercem cargos de direção — os líderes do trabalho do mal —, à virilidade. Quem recusa ou não consegue cometer o mal é tachado de "veado", "fresco", sujeito "que não tem nada entre as pernas". E não ser reconhecido como um homem viril significa, evidentemente, ser um "frouxo", isto é, incapaz e sem coragem, logo, sem "a virtude" por excelência.

E, no entanto, quem diz não ou não consegue fazer o "trabalho sujo" assim age precisamente em nome do bem e da virtude. Na verdade a coragem, nesse caso, certamente não é dar sua contribuição e sua solidariedade ao "trabalho sujo", e sim recusar-se energicamente a fazê-lo, em nome do bem, correndo assim o risco de ser denunciado, punido e até incluído na próxima lista de demissões.

No sistema da virilidade, ao contrário, abster-se dessas práticas iníquas é prova de fraqueza, de covardia, de baixeza, de falta de solidariedade. Veremos mais adiante que essa concepção, forjada pelos homens, nem sempre é partilhada pelas mulheres, mas pode vir a sê-lo.

Obviamente, o líder do trabalho do mal é antes de tudo *perverso*, quando usa do *recurso à virilidade* para fazer o mal passar por bem. É perverso porque usa o que em psicanálise tem o nome de *ameaça de castração*[15] como instrumento da banalização do mal. Aqui, como se vê, a dimensão psicoafetiva é central, e a abordagem clínica, esclarecedora. É por mediação da ameaça de castração simbólica que se consegue inverter o ideal de justiça.

A *virilidade* é algo muito diferente da dimensão do *interesse* econômico, pessoal ou egoístico, que geralmente se acredita ser o motivo da ação maléfica, novamente segundo o modelo do *homo œconomicus*, agente movido pelo cálculo racional de seus interesses. Esta última proposição é falsa. Trata-se, na análise aqui proposta, de uma dimensão rigorosamente ética das condutas, manipulada por forças propriamente psicológicas e sexuais. *A abolição do senso moral passa pela ativação da escolha em função da racionalidade pática, em detrimento das escolhas em função*

---

[15] "O complexo de castração remete à 'teoria sexual infantil' que, atribuindo um pênis a todos os seres humanos, só pode explicar pela castração a diferença anatômica dos sexos" (Laplanche & Pontalis, 1967:75). A angústia de castração se manifesta como uma ameaça que, segundo a psicanálise, perdura inconscientemente no adulto.

da racionalidade moral-prática. A racionalidade estratégica não constitui aqui uma referência de primeiro plano na gênese das condutas de virilidade.

O triunfo da racionalidade estratégica sobre a racionalidade moral não é direto, no presente caso, pois passa por uma mediação: o desencadeamento de um conflito entre racionalidade pática e racionalidade moral-prática, o qual possibilita a suspensão, se não a subversão, do senso moral em proveito de uma racionalidade paradoxal invertida em relação aos valores. O que diz respeito especificamente à estratégia é a manipulação desse conflito entre as duas outras racionalidades. Tal análise vem questionar a explicação do econômico pelo econômico e do sociológico pelo sociológico. Há sempre elos intermediários que são omitidos nessas análises. Eles se situam no âmbito da racionalidade pática, que é tradicionalmente negada por todas as teorias, como se só existissem atores sociais e sujeitos éticos, mas não sujeitos psicológicos. Excluir das análises filosóficas e políticas a dimensão do sofrimento subjetivo não é algo teoricamente sustentável.

Fazer referência a uma racionalidade pática não significa reincidir no psicologismo. O psicologismo consiste em interpretar as condutas humanas, nas esferas privada, social e política, unicamente a partir da dimensão psicológica e afetiva; em fazer da sociologia uma vasta psicologia. No recurso à racionalidade pática, não se trata mais de compreender as condutas sociais e morais, incoerentes com relação às racionalidades morais-práticas e instrumentais, como o resultado de um processo psicopatológico mais ou menos neurótico. Trata-se, isso sim, de analisar as consequências de um *conflito de racionalidades*. O ponto de vista aqui defendido não consiste em concluir que a psicologia tem a última palavra sobre a banalidade do mal. Muito pelo contrário! A banalidade do mal não resulta da *psicopatologia, mas da normalidade*, ainda que essa normalidade se caracterize por ser funesta e sinistra.

A questão que se coloca é como a racionalidade ética pode perder seu posto de comando, a ponto de ser *não abolida,* mas *invertida.* Aqui o senso moral é realmente conservado, mas funciona à base de uma subversão dos valores, a qual tem a ver propriamente com a ética, mesmo que o pático seja aí invocado.

Por que a filosofia moral não tratou do problema da virilidade? Por que a filosofia política não se interessou pelo problema da virilidade?

A meu ver é porque a filosofia, que desde há muito se preocupa com a violência, jamais levou a sério o problema do sofrimento, desqualificado, sem que se lhe tenha dado atenção jamais, em nome da virilidade, incontestada. Como não se quis levar em consideração o problema do sofrimento psíquico vivenciado, nunca se conseguiu identificar as relações entre sofrimento e virilidade, não sendo esta absolutamente uma virtude original, mas uma defesa contra o sofrimento, como tentaremos mostrar no próximo capítulo. *Então o sofrimento pode gerar violência?* Trata-se aqui de uma inversão teórica na própria análise social: ontologicamente, o sofrimento não se apresenta como consequência da violência, como seu resultado último, como término do processo, sem nada depois. Ao contrário, o sofrimento vem primeiro. Porquanto para além do sofrimento existem as defesas. E as defesas podem ser terrivelmente perigosas, pois são capazes de gerar a violência social.

Mas não se pode condenar as estratégias defensivas! Elas são necessárias à vida e à proteção da integridade psíquica e somática. O problema aqui levantado está aquém das estratégias defensivas contra o sofrimento, aquém até mesmo do sofrimento. Diz respeito mais especificamente ao que constitui a *racionalidade pática da ação*.

Tudo isso, é claro, nos leva a analisar a virilidade socialmente construída como uma das formas principais do mal em nossas sociedades. O mal está fundamentalmente associado ao masculino.

Mesmo não sendo considerada uma *virtude* em nenhum tratado de filosofia moral, a virilidade é sempre vista como um *valor*. Ora, indiscutivelmente, a virilidade é um traço psicológico que remete a uma atitude, uma postura, um caráter, uma modalidade comportamental e, logo, a uma qualidade do espírito. Por que ela não figura no elenco das virtudes cardeais? Porque é natural, inata, genética, biológica? Essa seria uma boa razão, mas, se ela resulta da natureza, e não da cultura ou da razão, não há nenhum motivo para considerá-la um valor. E, no entanto, também no senso comum, a virilidade geralmente é vista como um valor. Ao que parece, o caráter atraente e invejável da virilidade deriva de sua conotação sexual; de sua associação com o que é considerado sedução, com o masculino, do qual ela seria, aliás, o núcleo organizador.

A virilidade é considerada um atributo sexual. Isso é tido como uma evidência em nossas sociedades. A virilidade é o atributo que confere à identidade sexual masculina a capacidade de expressão do poder (associada ao exercício da força, da agressividade, da violência e da dominação sobre outrem), seja contra os rivais sexuais, seja contra as pessoas hostis ao sujeito ou aos que lhe são chegados e a quem, por sua virilidade, ele deve garantir proteção e segurança. O parceiro amoroso de um sujeito viril deve-lhe reconhecimento, gratidão, submissão e respeito, em troca de seus serviços. Por sua vez, a mulher deve aceitar a dominação ou mesmo a violência. No fundo da conotação sexual da virilidade está o tráfico feudal da proteção pela soldadesca, entre o senhor e os vassalos. Seu protótipo é, em suma, o cavaleiro a serviço da donzela dos tempos medievais. Em outras palavras, a virilidade, mesmo em sua dimensão psicoimaginária, está associada ao medo e à luta contra o medo. Veremos mais adiante que o medo efetivamente está no cerne da subversão da razão prática, e que a virilidade, afinal, é tudo menos uma virtude e que ela absolutamente não se situa no prolongamento da pulsão no indivíduo do sexo masculino, sendo, ao contrário, uma defesa.[16]

O fato é que, por ora, em nossa sociedade, a crítica da virilidade apenas começou, e homens e mulheres, em sua maioria, se não unanimemente, consideram a virilidade uma qualidade indissociável da identidade sexual dos homens e, logo, à falta dela, das mulheres, que, por serem reconhecidas como "femininas", devem precisamente estar isentas de qualquer indício de virilidade.

O resultado social e político da conotação sexual associada à capacidade de usar a força e a violência contra outrem deixa aquele que se recusa a cometer tal violência numa situação psicológica perigosa: de imediato, ele corre o risco de ser considerado pelos outros homens que exercem a violência como um homem que deixou de sê-lo, como alguém que não merece ser reconhecido como pertencente à comunidade dos homens. Logo depois, a renúncia ao exercício da força, da agressividade, da violência e da dominação é considerada pela comunidade dos homens como sinal patente de *covardia*. Covardia diante do que é repugnante, hediondo,

---

[16] Nessa concepção de senso comum se dissimula uma confusão entre identidade sexual e gênero. Os sociólogos, ao contrário, mostram que é preciso distinguir as duas noções. Para certos psicanalistas (Stoller, 1964; Laplanche, 1997), cumpre igualmente estabelecer uma distinção entre os dois termos.

O primeiro termo remete à sexualidade, na medida em que esta é uma construção que tem origem nas relações entre a criança e os pais, em torno de seu corpo, num mundo de significações eróticas apresentadas pelos pais. A criança se vê aí envolvida por um jogo complexo de traduções de seus gestos e palavras pelos pais — depois retomadas pela criança —, que funcionam segundo modalidades precisamente interpretadas por Laplanche na teoria da sedução generalizada (Laplanche, 1992).

Já o segundo termo, "gênero", remete não à sexualidade no sentido freudiano do termo, mas à construção social de condutas especificamente identificadas como características do gênero masculino ou do gênero feminino. Em psicodinâmica do trabalho, as características do gênero social masculino se denominam "virilidade", e as do social feminino, "mulheridade" (Molinier, 1996). Ao contrário do que supõe a concepção de senso comum, não há continuidade direta, nem natural nem cultural, entre identidade sexual e gênero.

nojento, repulsivo... em suma, diante daquilo que dá vontade de afastar, de *fugir*.

Nesse juízo de atribuição que vê a atitude de fuga como covardia, esconde-se uma equação: a vontade de fugir é tida como necessariamente motivada pelo medo e, logo, sinal da falta fundamental e indubitável de uma virtude: a coragem. Esse ponto é decisivo: a fuga é o medo. Eis um erro que, embora grosseiro, nem por isso se acha menos difundido. Posso muito bem fugir de uma situação que considero odiosa e insuportável sem sentir nenhum medo por minha própria vida ou por meu *corpo*, mas apenas por motivos *psíquicos e éticos*, como fizeram alguns policiais do 101º batalhão estudado por Christopher Browning, que se recusaram e fugiram ao massacre de judeus indefesos, ou como fizeram, por exemplo, certos soldados sérvios que desertaram para não ter que participar do estupro de mulheres bósnias.

Mas a equação fuga-por-medo = falta de virilidade está de tal modo arraigada em nossa cultura, que homens e *mulheres*, em sua maioria, estabelecem uma associação entre identidade sexual masculina, poder de sedução e capacidade de se valer da força, da agressividade, da violência ou da dominação. Eis por que estas últimas podem passar por valores.

Capítulo 6

A racionalização do mal

1. A estratégia coletiva de defesa do "cinismo viril"

Assim, para não correrem o risco de não mais serem reconhecidos como homens pelos outros homens, para não perderem as vantagens de pertencer à comunidade dos homens viris, para não se arriscarem a ser excluídos e desprezados sexualmente ou tidos como frouxos, medrosos e covardes — não só pelos homens, mas também pelas mulheres —, muitos são os homens que aceitam participar do "trabalho sujo", tornando-se assim "colaboradores" do sofrimento e da injustiça infligidos a outrem.

Para não *perder* sua virilidade: eis a motivação principal. Mas não perder sua virilidade não é a mesma coisa que ter a satisfação e o orgulho de possuir, conquistar ou aumentar sua virilidade. E a diferença se faz sentir com todo o seu peso. Ainda não conseguimos ir além de uma estratégia de luta ou de defesa contra o sofrimento, ligada ao risco de perder a identidade sexual. Ainda estamos longe do prazer, da satisfação e do orgulho do homem corajoso, daquele que desfruta do triunfo. Como vimos (a propósito da pesquisa feita na indústria automobilística, mas dá-se o mesmo em outros setores), muitos são os que, entre os "colaboradores", se orgulham de ocupar o posto e a posição que lhes confere a organização.

Contudo, a sondagem junto aos "colaboradores" sugere que, na configuração social e psicológica aqui considerada, as pessoas de bem não se sentem muito orgulhosas de sua conduta. Ao contrário, ter que participar de atos condenáveis pode inclusive acarretar sofrimento moral. Furtar-se dessa maneira à ameaça de castração simbólica não suprime automaticamente o senso moral. Tanto assim, aliás, que a clara consciência dessa situação psicológica se revela, por sua vez, insustentável: "Entre os carrascos, a completa falta do mínimo arrependimento após o final da guerra, quando um sinal de autoacusação poderia ter-lhes sido útil no tribunal, e suas reiteradas afirmações de que a responsabilidade pelos crimes cabia a certas autoridades superiores parecem indicar que *o medo da responsabilidade*[17] é não apenas mais forte do que a consciência, como também, em certas circunstâncias, ainda mais forte do que o medo da morte" (Arendt, 1950). Hannah Arendt assinala aqui um fato que é confirmado pelo estudo clínico do "trabalho sujo".

Para continuarem a viver psiquicamente participando do "trabalho sujo" na moderna empresa e conservando seu senso moral, muitos homens e mulheres que adotam esses comportamentos viris elaboram coletivamente "ideologias defensivas", graças às quais se constrói a racionalização do mal.

Até agora, na verdade, o processo descrito tem a ver com o que, em psicodinâmica do trabalho, se define como *estratégias coletivas de defesa*. Ante a injunção de fazer o "trabalho sujo", os trabalhadores que exercem cargos de responsabilidade têm que enfrentar o grande risco psíquico de perder sua identidade ética ou, retomando aqui o conceito de Ricœur (1987), sua "ipseidade".

A estratégia coletiva de defesa consiste em opor ao sofrimento de ter que praticar "baixezas" uma negação coletiva. Não só os homens não temem o opróbrio, como também o ridicularizam. Para tanto, chegam até à provocação. Absolutamente nenhum problema ético! "É o trabalho, isso é tudo!" "É um trabalho como qualquer outro."

Mas como só a negação nem sempre é o bastante, eles acrescentam também a provocação. Nas pesquisas que fiz nos últimos anos, pude constatar a existência de concursos organizados entre os gerentes, nos quais se ostentam o cinismo, a capacidade de fazer ainda mais do que o exigido, de apresentar números, em se tratando de enxugamento de pessoal, que superem em muito aqueles estipulados pela direção... e de mostrar que não estão blefando: hão de cumprir os objetivos que proclamaram alto e bom som nas reuniões de trabalho, como lances num leilão. Apelidam-nos de "caubóis" ou "matadores". Os demais colegas presentes à reunião ficam impressionados, mas apoiam e participam da farsa, procurando por sua vez cobrir os lances. A provocação nem sempre se limita aos números e às palavras. Alguns chegam a fazer declarações destemperadas

---

[17] Grifo do autor.

diante dos subordinados ou em plena fábrica, para provar que não temem mostrar sua coragem e sua determinação na frente de todos, bem como sua capacidade de enfrentar o ódio daqueles a quem vão fazer mal. E organizam-se provas em que cada qual deve mostrar, por um gesto, uma circular, um comunicado interno, um discurso em público etc., que realmente faz parte do coletivo do "trabalho sujo".

Dessas provas sai-se engrandecido pela admiração ou a estima, ou mesmo pelo reconhecimento dos pares, como um homem — ou uma mulher! — que tem... topete, determinação, colhões! A virilidade é assim submetida a repetidas provas que em muito contribuem para o zelo dos colaboradores do "trabalho sujo". Depois, isso é celebrado em banquetes, geralmente em restaurantes finos, onde se gasta muito dinheiro, enquanto se erguem brindes com vinhos caros e se fazem brincadeiras picantes e sobretudo vulgares, o que contrasta com o refinamento desses lugares, brincadeiras cuja característica comum é evidenciar o cinismo, reiterar a escolha do partido que se tomou na luta social, cultivar o desprezo pelas vítimas e reafirmar, ao final do banquete, os chavões sobre a necessidade de reduzir os benefícios sociais e de restabelecer o equilíbrio da Previdência Social, sobre os indispensáveis sacrifícios a serem feitos para salvar o país da derrocada econômica, sobre a urgência de reduzir as despesas em todas as áreas (o que não deixa de ser irônico quando se examina a conta desses festins).

Tais práticas funcionam como rituais de conjuração, podendo assumir outras formas específicas em cada estratégia coletiva de defesa contra o sofrimento no trabalho. Tais sessões, onde se desentaramela o discurso de racionalização e autossatisfação dos gerentes, não são públicas. Fazem parte da face oculta do "trabalho sujo". Somente têm acesso a elas as elites da empresa e os que se julgam protegidos, por sua posição e pela qualidade dos serviços prestados à empresa, do risco de virem algum dia a figurar também entre as vítimas. Tais sessões se comparam aos trotes de calouros nas escolas de engenharia e às provas de entronização, passando pela caminhada sobre as brasas ou o *body jumping*... Elas também evocam os "festins" nos hospitais, em que os internos de medicina, cirurgia e reanimação promovem orgias baseadas no desprezo ostensivo dos valores do decoro, do corpo humano e da personalidade psíquica, bem como da privacidade do espírito e das crenças religiosas e morais. Tais festins se enquadram no elenco das estratégias coletivas de defesa dos médicos contra o medo do sangue, do sofrimento, da mutilação, da dor, da doença, da velhice e da morte.

Os banquetes que reúnem os "colaboradores" são por vezes organizados *larga manu*, graças à generosidade da empresa. Realizam-se geralmente ao final dos estágios de aperfeiçoamento para gerentes, em hotéis de luxo, onde o bom humor é favorecido pela embriaguez e a satisfação de desfrutar os privilégios reservados aos ricos e aos dominantes.

Avizinhamo-nos assim da transformação da "estratégia coletiva de defesa do cinismo viril" em "ideologia defensiva do realismo econômico".[18]

2. A ideologia defensiva do realismo econômico

A ideologia do realismo econômico consiste, levando em conta o que sugere o estudo clínico — afora a exibição da virilidade —, em fazer com que o cinismo passe por força de caráter, por determinação e por um elevado senso de responsabilidades coletivas, de serviço prestado à empresa ou ao serviço público, até de senso cívico e de interesse nacional, em todo caso, de *interesses supraindividuais*. Tais qualidades, exaltadas coletivamente, são logo associadas à formação de uma ideia de pertencimento a uma *elite*, implícita no exercício e na adoção de uma *Realpolitik*. Quer dizer, tudo se há de fazer em nome do realismo da ciência econômica, da "guerra das empresas" e pelo bem da nação (que estaria ameaçada de aniquilamento pela concorrência econômica internacional). Os outros, evidentemente, são as vítimas. Mas isso é inevitável. Para arrematar o dispositivo da ideologia defensiva, alguns chegam mesmo a sustentar que o "trabalho sujo" não é feito às cegas, mas, obviamente, de maneira racional e científica. Demitem-se prioritariamente os menos capazes, os velhos, os inflexíveis, os esclerosados, os que não podem acompanhar o progresso, os retardatários, os passadistas, os ultrapassados, os irrecuperáveis. Além disso, muitos deles são preguiçosos, aproveitadores e até maus-caracteres.

Quer dizer, para complementar a ideologia defensiva, vai-se configurando aos poucos a referência à *seleção*. Contanto que seja para proceder a uma seleção positiva, rigorosa e até científica, o "trabalho

---

[18] "A ideologia defensiva ocupacional" é resultado de uma radicalização da estratégia coletiva de defesa que não ocorre sistematicamente, mas é possível nas situações em que o sofrimento parece irremediável (Dejours, C. *Recherches psychanalytiques sur le corps*. Payot, 1989).

sujo" torna-se limpo e legítimo: balanço de competências, revisão de qualificações, "requalificação" (como na France Télécom), entrevista anual, avaliação de desempenho... todas as técnicas e todas as fórmulas pseudocientíficas podem ser aqui utilizadas para elaborar as listas de demissões que livrarão as empresas de seus empregados parasitas e improdutivos. O "trabalho sujo" torna-se assim um trabalho de arrumação, de faxina, de enxugamento, de saneamento, de limpeza a vácuo etc., expressões que abundam nos discursos dos "colaboradores". Entre essas pessoas, algumas das quais se mostravam hesitantes no início, há por vezes quem torne a sentir-se culpado. Mas isso não faz senão ativar as estratégias de defesa que convertem o mal no bem, o "trabalho sujo" em virtude e coragem, levando assim a uma participação frenética nesse trabalho, numa espécie de arrancada, de hiperatividade e de autoaceleração de cunho defensivo, como se vê em tantas outras situações de trabalho em que, desse modo, se "apaga", se turva a própria consciência, substituindo-a pela fadiga. (É o caso dos assistentes sociais, por exemplo [Dessors & Jayet, 1990], ou das enfermeiras que incorrem no *kaporalismo*[19] [Molinier, 1997].)

A radicalização dessa estratégia coletiva de defesa vai dar — afora a psicologia espontânea pejorativa com relação às vítimas — na cultura do desprezo para com os que são excluídos da empresa por reformas estruturais e enxugamento de pessoal ou, ainda, para com os que não conseguem propiciar os esforços suplementares em termos de carga de trabalho e maior empenho. Também eles não passam de alfenins (não possuem os atributos de virilidade e são degenerados sem força de caráter) que merecem ser descartados no processo de seleção. Em tempos de "guerra econômica", dispensam-se braços frágeis! Nada de temperamentais. O ciclo se completa quando a estratégia coletiva de defesa se junta ao processo de racionalização[20] para alimentá-lo e dele se nutrir. Eis que chegamos à ideologia defensiva, e a violência se delineia no horizonte.

São essas pessoas, no início pessoas de bem, defendendo-se contra o sofrimento da vergonha, que acabam por se tornar os defensores da *Realpolitik* e por alimentar, sem inibição, a mentira comunicacional analisada no capítulo 4, em nome, mais uma vez, do realismo científico e

---

[19] De *kapo* (em alemão, abreviação de *Ka[merad] Po[lizei]*): na gíria dos campos de concentração nazistas, preso encarregado de comandar seus camaradas nas turmas de trabalhos externos ou nos serviços do campo. O termo é aqui empregado como uma metáfora da disciplina e da ordem militares. (N. do T.)
[20] No sentido que se deu ao termo no capítulo 4, seção 6.

político, bem como do discurso de racionalização que transforma a mentira em verdade. Próximos do poder, ou assim se julgando por sua participação no "trabalho sujo", tornam-se propagandistas do poder e da racionalidade estratégica da empresa.

Por fim, são eles os mais eloquentes defensores da racionalidade estratégica na sociedade civil, muito embora esse engajamento seja o término de um processo cuja origem é racional e defensiva.

3. O comportamento das vítimas a serviço da racionalização

A racionalização não se interrompe exatamente aqui. Ela vai ter agora com que se nutrir e se justificar no espetáculo oferecido pelas vítimas.

Os que efetivamente se sujeitam a essas relações de dominação, assim como ao desprezo, à injustiça e ao medo, adotam por vezes comportamentos submissos e até servis que por seu turno "justificam" o desprezo dos líderes e dos "colaboradores". Mas o "trabalho sujo" tem também outras consequências: as demissões em massa levam essencialmente à precarização do emprego, mas nem sempre à sua extinção. Não se fazem mais contratações, porém recorre-se aos serviços de firmas que empregam trabalhadores temporários, trabalhadores estrangeiros em situação ilegal, trabalhadores com saúde precária, trabalhadores sem a devida qualificação, trabalhadores que não falam francês etc.

Veem-se, por toda parte, práticas que lembram o tráfico de escravos, seja na construção civil, seja na manutenção de usinas nucleares e químicas, seja nas firmas de limpeza: a terceirização em cascata leva por vezes à constituição de uma "reserva" de trabalhadores condenados à precariedade constante, à sub-remuneração e a uma flexibilidade alucinante de emprego, o que os obriga a correr de uma empresa para outra, de um canteiro de obras para outro, instalando-se em locais provisórios, em acampamentos nas imediações da empresa, em *trailers* etc. Por estarem sempre se delocando de um extremo ao outro do país, às vezes por toda a Europa, certos trabalhadores não podem mais voltar para casa e não têm mais períodos de folga, nem férias, nem limitação dos horários de trabalho... até que uma estafa, uma doença ou um acidente os impossibilite de todo de obter um emprego. Alguns deles tentam adaptar-se levando consigo toda a família num *trailer*. A maioria enfrenta crises familiares que provocam o rompimento ou o divórcio. Essa vida, que lembra a dos operários do século XIX, conduz inevitavelmente a práticas de sociabilidade fora das normas: recurso ao álcool e sobretudo às drogas, que mitigam provisoriamente o desespero e o infortúnio. A prostituição vem inevitavelmente acompanhar o desregramento dos costumes. A AIDS se propaga nesse meio como em nenhum outro, e a AIDS amedronta, cinde as populações, introduz a desconfiança e a segregação, a "guetização", às portas mesmo da empresa.

Esses trabalhadores, que estão em contato com o pessoal estatutário da empresa encarregado da supervisão dos trabalhos e da direção, provocam por sua vez a desconfiança, a repulsa e até a condenação moral. Na verdade, devido à condição deles, é comum haver no trabalho muitos erros, mas também e sobretudo fraudes, tanto por causa da incompetência e da falta de qualificação que cumpre dissimular, quanto por causa da pressão e dos abusos incontroláveis dos chefes e dos dirigentes das empresas contratadas. Assim, esses trabalhadores podem involuntariamente causar problemas na produção e comprometer a segurança, com lamentáveis consequências para os trabalhadores estatutários da empresa contratante.

Compreende-se facilmente que a apresentação externa, o *habitus*, os modos de vida desses homens socialmente discriminados venham por sua vez alimentar o discurso elitista, racista e desdenhoso dos líderes e colaboradores do "trabalho sujo", por falta de *racionalização*.[21]

Quer a injustiça que, no final, a realidade social por ela engendrada venha confirmar a ideologia defensiva do realismo econômico, desde já infiltrada de psicologia e de sociologia espontânea pejorativa, sinais de darwinismo social.

Vê-se que, afinal de contas, a *racionalização* da mentira (última etapa da estratégia da distorção comunicacional), obtida pela ideologia defensiva, é indispensável à eficácia social da mentira acerca do "trabalho sujo" e do trabalho do mal. A banalidade do mal, a arregimentação em massa das pessoas de bem para a colaboração, passa por um processo complicado que permite *enganar o senso moral* sem o abolir. A subversão da razão prática pelos "colaboradores" passa necessariamente pela eficácia de uma "estratégia da distorção comunicacional". E a eficiência dessa estratégia depende inteiramente da racionalização, já que ela é o remate

---

[21] E os que tentam lutar contra a corrente da segregação social têm que usar de muita engenhosidade para resistir, tão desigual é a parada.

do processo da mentira, infundindo orgulho e entusiasmo no colaborador para que ele se dedique ao "trabalho sujo", sem todavia sentir-se responsável pelo mesmo, visto que todo o processo no qual ele participa é organizado e pilotado pelos controladores de um mecanismo onde, em suma, ele é apenas um subalterno obediente e zeloso. Mas a obediência não pode ser considerada uma assunção de responsabilidade. Ao contrário, ela é considerada um *desencargo de responsabilidade*.

4. A ciência e a economia na racionalização

Enfim, a opção das pessoas de bem por colaborar parece-lhes legitimada pela compreensão que têm da "lógica econômica". Em último caso, não seria uma opção, na medida em que a injustiça da qual elas se tornaram instrumento é inevitável. Estaria ligada à natureza das coisas, à evolução histórica, à "globalização" da economia, de que tanto se fala. Toda decisão individual de resistir e toda recusa a submeter-se seriam inúteis e mesmo absurdas. A máquina neoliberal está em movimento, e não há como pará-la. Ninguém pode fazer nada. A opção não mais seria entre a submissão ou a recusa, no plano individual ou coletivo, mas entre a sobrevivência ou o desastre. A derrota do socialismo real mostra que somente a economia liberal tem credibilidade. O socialismo é que se baseia na mentira econômica, enquanto o neoliberalismo se baseia no realismo da racionalidade instrumental e respeita as leis que implicam, na administração e na gestão dos negócios da sociedade, a derradeira referência à verdade científica.

Essa "verdade", que coloca definitivamente a lógica econômica no princípio de tudo quanto diz respeito às questões humanas, sugere hoje que a salvação, ou a sobrevivência, está no entusiasmo com que cada um presta a sua contribuição para a luta concorrencial. A opção não seria pois entre obediência ou desobediência, mas entre realismo ou ilusão. Nessa nova conjuntura mundial, a salvação coletiva estaria na maneira de conduzir a guerra das empresas. A violência não seria de natureza política ou moral, mas de natureza econômica.

A referência à guerra econômica convida a suspender toda deliberação moral. *A la guerre comme à la guerre!* A ciência substituiria a argumentação moral, e a gestão seria simplesmente a *aplicação*, fora do campo ético, da ciência. Recusar colaboração seria como recusar a gravitação universal. Opor-se à centralidade da economia seria como, na época de Galileu, adotar a posição da Igreja, opondo-se ao heliocentrismo em substituição à centralidade cósmica da Terra. Opor-se à ordem econômica seria não apenas uma tolice, mas também sinal de obscurantismo.

É claro que, assim como ninguém individualmente tem meios de verificar a teoria de Galileu, de Copérnico, de Kepler ou de Newton, as pessoas de bem não têm nenhum meio de verificar nem de submeter a algum aparato experimental o econômico-centrismo que se faz passar por heliocentrismo do final do milênio. A fé na ciência, que se procura fazer passar por erudição, funciona aqui na verdade como imaginário social e desqualifica a reflexão moral e política. Assim, a colaboração no "trabalho sujo" pode conferir aos colaboradores a condição de cidadãos esclarecidos.

Nossa análise conduz à posição inversa: não é a racionalidade econômia que é causa do trabalho do mal, mas a participação progressiva da maioria no trabalho do mal que recruta o argumento economicista como meio de *racionalização* e de justificação posterior da submissão e da colaboração no trabalho sujo. Portanto, convém distinguir aqui dois termos com tendências antinômicas: racionalidade e racionalização.

5. "Trabalho sujo", banalidade do mal e apagamento dos vestígios

Atualmente, contratam-se indivíduos com dois anos de universidade para fazer o trabalho sujo, sobretudo quando se trata de serviços terceirizados. Uma universidade parisiense chega mesmo a conferir a jovens estudantes um diploma de curso superior de cinco anos, intitulado mestrado de recursos humanos.

De sorte que uma parcela da população — sobretudo jovens, privados da transmissão da memória do passado pelos veteranos que foram afastados da empresa — é assim levada a contribuir para o "trabalho sujo", sempre em nome do realismo econômico e da conjuntura. Todos eles advogam, *nolens volens*, a tese da causalidade do destino, da causalidade sistêmica e econômica, origem da presente adversidade social. Cometer injustiça no cotidiano contra os terceirizados, ameaçar de demissão os empregados, garantir a gestão do medo como ingrediente da autoridade, do poder e da função estratégica, tudo isso parece banal para os jovens que foram selecionados pela empresa. O recrutamento de jovens diplomados — facilmente selecionados mediante critérios ideológicos que não se pretendem como tais

— entre a massa de candidatos à procura de emprego, a falta de transmissão da memória coletiva por causa da demissão de veteranos, o apagamento dos vestígios de que falamos no capítulo sobre a estratégia da distorção comunicacional, tudo isso forma um dispositivo eficaz para evitar que os métodos gerenciais sejam discutidos no espaço público. *A sociedade civil não é informada diretamente a respeito da prática banalisada do mal na empresa*. O apagamento dos vestígios impede que se movam ações na justiça e que se instruam processos capazes de ter alguma repercussão na imprensa. A sociedade civil, que se escandaliza quando há um processo (ver o exemplo de Forbach, in: Zerbib, 1992), ignora a extensão do problema, a difusão que essas práticas iníquas alcançaram nos últimos 15 anos. Tanto assim que a incredulidade nas informações que eventualmente vazam da empresa é a regra. Toda vez que surge um "caso", este passa por excepcional. É graças a esse dispositivo que todos, *mesmo aqueles que tenham individualmente uma experiência concreta das iniquidades cometidas em nome da racionalidade econômica*, poderão afirmar, se um dia a mentira for desmascarada: "Eu não sabia".

Capítulo 7

Ambiguidades das estratégias de defesa

1. A alienação

Nas pesquisas que realizei sobre o trabalho desde o seminário Prazer e Sofrimento no Trabalho, de 1986/87, procurei sobretudo desenvolver a psicodinâmica do prazer no trabalho e do trabalho como mediador insubstituível da reapropriação e da emancipação (Dejours, 1993b). Se as relações sociais de trabalho são principalmente relações de dominação, o trabalho, no entanto, pode permitir uma subversão dessa dominação por intermédio da psicodinâmica do reconhecimento: reconhecimento, pelo outro, da contribuição do sujeito para a administração da defasagem entre a organização prescrita e a organização real do trabalho (ver capítulo 1). Esse reconhecimento da contribuição do sujeito à sociedade e à sua evolução por intermédio do trabalho possibilita a reapropriação. Quando a dinâmica do reconhecimento funciona, o sujeito se beneficia de uma retribuição simbólica que pode inscrever-se no âmbito da realização do ego, no campo social. Tais pesquisas são fiéis à orientação teórica fundamental proposta por Alain Cottereau (1988), para quem cumpre adotar uma postura de prudência teórica em relação ao conceito de alienação e, por princípio, dissociar dominação e alienação. Tal postura me parece ainda hoje plenamente justificada e de grande eficácia heurística para a pesquisa. Alain Cottereau a formulou em resposta a certas tendências carregadas, segundo ele, de "sociologismo vulgar", detectáveis em meu ensaio *Travail: usure mentale*. No final desse livro, com efeito, levantei o problema da alienação, que me pareceu inevitavelmente evidenciado pela prática da psicopatologia do trabalho. Eu estava então bastante impressionado com a capacidade que têm as pressões do trabalho de gerar alienação e violência. Não diretamente, como se costuma crer ao invocar a "interiorização" das pressões, mas por meio de estratégias de defesa contra o sofrimento: as estratégias coletivas de defesa, como por exemplo na construção civil ou na indústria química, mas também as estratégias individuais de defesa, como a repressão pulsional entre os trabalhadores submetidos a um trabalho repetitivo com imposição de prazos, defesas que, a meu ver, sempre apresentam um risco potencial para a autonomia subjetiva e moral. Assim, o trabalho se revela essencialmente ambivalente. Pode causar infelicidade, alienação e doença mental, mas pode também ser mediador da autorrealização, da sublimação e da saúde.

O problema do mal, analisado no âmbito deste ensaio, retoma o problema inicial da alienação. Faz muito que já identifiquei os danos afetivos e cognitivos causados pelo trabalho repetitivo com imposição de prazos: a obstrução de todo acesso, no plano psíquico, à sublimação propicia o surgimento da compulsividade e da violência, como me parece evidente, em particular no estudo dos distúrbios humanos causados pela transferência das linhas de produção nos países da América Latina (Thébaud-Mony, 1990).

A questão do mal passa a colocar-se de maneira totalmente nova com o surgimento de condutas iníquas generalizadas, em contextos organizacionais diferentes do sistema fordiano, notadamente no quadro dos novos métodos de administração de empresas e gerenciamento, tanto nas novas tecnologias (como a produção nuclear) quanto nas empresas ditas "de terceiro tipo" (modelo japonês, gestão das multinacionais americanas na França etc.).

A análise da injustiça infligida a outrem como forma *banalisada* de gestão nos leva a rever a interpretação da experiência nazista. Esta teria sido impossível sem a participação maciça do povo alemão no *trabalho* do mal, com o emprego generalizado da violência e da crueldade etc. A participação maciça nesse trabalho acaso resultaria de "causas" externas ao trabalho (violência, ameaça de morte, disciplinarização e controle militar etc.), levando ao consentimento involuntário e à resignação, ou de "causas" endógenas, inerentes ao trabalho, só que exploradas de maneira específica pelo regime nazista?

Detive-me longamente nessa questão. Será que a resposta cabe num jogo de palavras? O trabalho do mal será também o trabalho do macho?[22] Será que a virilidade no trabalho é que é a chave do trabalho do mal? Tal é a

---

[22] Em francês, trocadilho com as palavras *mal* (mal) e *mâle* (macho). (N. do T.)

conclusão a que leva, no entanto, a análise psicodinâmica das situações de trabalho.

Em suma, o regime nazista conseguiu, assim como todos os regimes totalitaristas, fazer com que, aos olhos de parte da população, o mal passasse por bem ou pelo menos se justificasse, tanto assim que se chegou a identificar formas de massacres em que a crueldade, a violência e a destruição não só fossem banalisadas, como também pudessem ser percebidas, em último caso, como resultantes da sublimação. É o cúmulo! Que vem a ser isso? Hannah Arendt, falando de Eichmann, assinala que ele não era perverso, que até nem podia ver sangue, que pediu para ser dispensado de visitar os campos de concentração e que se considerava um homem sensível.

Na esteira de Hannah Arendt, Christopher Browning retomou a questão de modo magistral. Ele mostra que a maioria dos soldados enviados ao Leste para proceder à limpeza étnica não sentem nenhum prazer, nenhuma excitação, nenhuma satisfação em executar, hora após hora, dia após dia, inocentes indefesos. Dentro em pouco, no decorrer de seu aprendizado do "*trabalho* de extermínio", sua preocupação se concentra exclusivamente na execução do trabalho: matar, o mais depressa possível, o maior número possível de judeus. Assim, eles vão desenvolvendo certas técnicas: técnica de sucessivas camadas de judeus estendidos de bruços sobre os corpos ainda quentes dos da leva anteriormente exterminada, técnica da pontaria à queima-roupa na nuca, guiada pela aplicação da baioneta no pescoço, pois sendo muito embaixo o tiro nem sempre mata, e muito em cima, na cabeça, a bala faz explodir o crânio, espirrando sangue e pedaços de cérebro e ossos nas botas, nas calças e nas abas do casaco do soldado-assassino (Browning, 1992:79-97).

O móvel dessa atividade não é manifestamente a perversão, mas a administração mais racional da relação entre tarefa e atividade, entre organização prescrita e organização real do trabalho. Desprovida de qualquer excitação ou prazer, tal atividade é legitimada ou, pelo menos, justificada pelos discursos ideológicos frequentemente repetidos ao cabo do extermínio pela hierarquia militar, conferindo ao soldado-assassino o reconhecimento pelo trabalho bem-feito. Essa atividade, totalmente *deserotizada*, pode passar por atividade sublimatória! A violência como sublimação!

Que processos psíquicos estão envolvidos nessa alquimia que transforma a abominação em sublimação? A violência impulsiva, compulsiva, colérica, furibunda jamais é tida como um mérito no extermínio dos judeus. Tais qualificativos podem, quando muito, servir de circunstâncias atenuantes no processo da violência. Mas a violência fria, calculada, estratégica, premeditada, cometida por um indivíduo por sua própria conta e seu próprio interesse, tampouco é tida como um mérito: tais qualificativos, ao contrário, fazem dela uma circunstância agravante no processo da violência.

A violência, a injustiça, o sofrimento infligidos a outrem só podem se colocar ao lado do bem se forem infligidos no contexto de *uma imposição de trabalho ou de uma "missão" que lhes sublime a significação*.

Além das relações entre violência e sublimação, é preciso examinar a ligação entre culpa, medo e virilidade. O mérito que constitui a capacidade viril de infligir violência a outrem sem fraquejar só pode ser "justificado", no plano ético, na medida em que a "coragem" que é preciso demonstrar para praticar o mal seja usada em proveito de uma *atividade*: a guerra ou algum outro trabalho num contexto de perigo coletivo (o de perder a guerra e sofrer represálias). Do contrário, a passagem da posição de resistência ao exercício da violência à posição de torturador (ou de carrasco, de agente que exerce a violência por conta própria) ficaria sob suspeita de ter sido motivada pelo prazer de praticar o mal e seria julgada como perversa. Assim, a dimensão da *obrigatoriedade*, de um lado, e a dimensão *utilitarista*, de outro, são inseparáveis da *justificação* da violência, da injustiça ou do sofrimento infligidos a outrem. Mas a justificação do exercício da violência não pode neutralizar o medo. Quando muito livra o sujeito de sua *culpa* ou de sua vergonha, mas não de seu medo. Além disso, a justificação funciona por sua vez como uma exortação ou, pelo menos, como uma obrigação de continuar. Ao medo patente se associam as noções pejorativas de fraqueza, de covardia. A virilidade vem pois sustentar a luta contra as manifestações do medo prometendo prestígio e sedução a quem enfrenta a adversidade e ameaçando *a contrario* quem foge de perder sua identidade sexual de macho.

A coragem, em estado puro, sem estar associada à virilidade, é uma conquista essencialmente *individual*. É rara. E jamais é definitivamente adquirida. O medo pode sempre ressurgir, se é que chega a ser totalmente neutralizado. A coragem sem virilidade pode se manifestar silenciosa e discretamente e ser julgada pela própria consciência. Pode dispensar o reconhecimento alheio.

Já a virilidade é uma conduta cujo mérito depende fundamentalmente da validação alheia. A coragem tem a ver basicamente com a autonomia moral-subjetiva, enquanto a virilidade atesta a dependência do julgamento alheio.

A coragem viril necessita de uma plateia e de um palco. Só é viril quem é reconhecido como tal pela comunidade dos homens viris. A coragem viril necessita de demonstração. Se é preciso haver demonstrações, também é preciso haver *ocasiões* que permitam exibir a coragem viril. Tal pressão decorre não apenas da natureza da virilidade, mas também do *irredutível intrincamento entre virilidade e pressão de trabalho*.

Um bom trabalhador, um combatente confiável e valoroso é aquele que mostra — mesmo fora da situação que exige conduta corajosa e viril — ter assimilado de tal modo essas qualidades que elas passaram a fazer parte de sua pessoa e que, seja qual for a tarefa em que esteja empenhado, é capaz de mobilizar espontaneamente tais qualidades. Em outras palavras, o domínio é constante. Domínio de quê? Domínio de um conhecimento técnico e vivencial graças ao qual o homem corajoso pode demonstrar a todo instante que não tem medo.

Enfim, a virilidade não se mostra apenas nas condutas ou nos comportamentos. Evidencia-se também, ainda mais fundamentalmente, na ordem do discurso. O *discurso viril* é um discurso de domínio, apoiado no conhecimento, na demonstração, no raciocínio lógico, supostamente totalizante. O conhecimento científico e técnico possibilitaria afastar toda ameaça de fraqueza e evitar a experiência do fracasso, bem como ter um domínio sobre o mundo.

O *discurso feminino*, ao contrário, não daria à ciência e ao conhecimento a mesma importância que lhes confere o discurso viril. Serge Leclaire (1975) associa essa distinção entre discursos sexuados à diferença anatômica entre os sexos. As mulheres teriam, desde o início, conhecimento da existência da castração, mantendo sempre alguma reserva diante das pretensões à totalização, mesmo que pela ciência. Já os homens se engajariam num processo inverso. Num primeiro momento, poderiam superar a angústia da castração. Depois, esta retornaria sob a forma de uma ameaça contra a qual lutariam investindo pesadamente no discurso de domínio, de conhecimento e de demonstração, graças ao qual procurariam se convencer de sua invulnerabilidade à castração e, logo, da perenidade de sua posse do falo.

Na ideologia defensiva do cinismo viril, a racionalização pelo econômico é uma forma de domínio simbólico típico dos homens. Os estudos de psicodinâmica do trabalho mostram, como sugeriram Helena Hirata e Danièle Kergoat (1988), que as mulheres não constroem entre elas, no mundo das mulheres, estratégias coletivas comparáveis às dos homens. De modo que há bons motivos para nos perguntarmos se as estratégias coletivas de defesa não seriam sempre estratégias viris. A resposta a essa questão nos foi dada por Pascale Molinier (1995) em suas pesquisas sobre a única profissão conhecida inteiramente construída pelas mulheres, a saber, a profissão de enfermeira. Aí funcionam, de fato, estratégias coletivas de defesa específicas, mas cuja estrutura é radicalmente diferente de todas as outras estratégias coletivas de defesa conhecidas em psicologia do trabalho, as quais, sem exceção, se associam à virilidade.

A relação com o saber e o domínio, por um lado, e com o real, o fracasso e a fraqueza, por outro, é sensivelmente diferente da dos homens. Entre as enfermeiras, existe conhecimento primordial do real. A estratégia defensiva consiste em *cercar* esse real, ao passo que nas estratégias coletivas de defesa de cunho viril o real e seu corolário — a experiência do fracasso — são objeto de uma *negação* coletiva e de uma racionalização.

2. *Virilidade* versus *trabalho*

Segundo a psicodinâmica do trabalho, a coragem, quando é mobilizada para responder a uma injunção, uma ordem ou uma *missão* (e não por uma escolha livre, soberana e individual), necessita de um suplemento: a virilidade. A "missão" mobilizadora é antes de tudo, se não exclusivamente, específica ao trabalho. O trabalho e as relações sociais que o sustentam é que pervertem a coragem, favorecendo o recurso complementar à virilidade. O trabalho, enquanto atividade coordenada submetida ao julgamento utilitarista, está com efeito no cerne da atividade guerreira, assim como de outras profissões arriscadas — construção civil, química industrial, energia nuclear, pesca em alto-mar, polícia, bombeiros. Nas missões gerenciais em que a direção se serve da ameaça de precarização contra seus próprios empregados, trata-se igualmente de uma tarefa específica. Levando em conta o papel capital da virilidade na distorção social que faz o mal passar por bem, cumpre admitir que, quando existe uma *pressão* ou uma injunção para superar o medo, os processos psíquicos individuais e coletivos apelam mais para a virilidade defensiva do que para a coragem moral.

Quando o medo não resulta da violência alheia nem da necessidade de enfrentar um adversário ou inimigo, e sim da ameaça exercida por condições físicas, catástrofes naturais, catástrofes industriais ou simplesmente pelos riscos de acidente ou morte no trabalho, os processos psíquicos são os mesmos.

Sob a condição *sine qua non*, porém, de que, diante do que causa medo, não haja a possibilidade de fugir ou desertar, e sim uma injunção para continuar a atividade num contexto de ameaça. Em outras palavras, a origem do mal não parece estar na própria violência, mas nas estratégias coletivas de defesa mobilizadas para lutar contra o medo num contexto de relações sociais de dominação onde não é possível desertar.

3. Reflexão sobre as estratégias coletivas de defesa

As estratégias individuais de defesa têm importante papel na adaptação ao sofrimento, mas pouca influência na violência social, visto que são de natureza individual. A psicodinâmica do trabalho descobriu também a existência de estratégias coletivas de defesa, que são estratégias construídas coletivamente. Se, mesmo nesse caso, a vivência do sofrimento permanece fundamentalmente singular, as defesas podem ser objeto de cooperação. As estratégias coletivas de defesa contribuem de maneira decisiva para a coesão do coletivo de trabalho, pois trabalhar é não apenas ter uma atividade, mas também viver: viver a experiência da pressão, viver em comum, enfrentar a resistência do real, construir o sentido do trabalho, da situação e do sofrimento.

Essa construção coletiva se evidencia sobretudo no setor da construção civil. Os operários da construção civil trabalham pondo em risco sua integridade física. E sentem medo. Para poderem continuar trabalhando no contexto das pressões organizacionais que se lhes impõem (ritmos, condições meteorológicas, adequabilidade ou não das ferramentas, existência ou não de dispositivos de segurança e prevenção, modalidades de comando, improvisação da organização do trabalho etc.), eles lutam contra o medo por uma estratégia que consiste basicamente em agir sobre a percepção que eles têm do risco. Eles opõem ao risco uma negação da percepção e uma estratégia que consiste em escarnecer do risco, em lançar desafios, em organizar coletivamente provas de encenação de riscos artificiais, às quais todos devem depois submeter-se publicamente segundo fórmulas variáveis que podem chegar até o ordálio.

Obviamente, tais estratégias tendem a agravar o risco, em vez de limitá-lo. Na verdade, funcionam somente em relação à *percepção* do risco que elas procuram banir da consciência. *A contrario*, com efeito, constata-se que no canteiro de obras se proíbe qualquer discurso sobre o medo, e que existem igualmente tabus associados a tais comportamentos de bravata, de resistência às normas de segurança, de indisciplina diante da prevenção etc.

Além disso, cabe mencionar vários outros comportamentos:

- o uso bastante difundido do álcool, que é um poderoso sedativo do medo, embora não seja identificado como tal, e que protege contra o medo, respeitando ao mesmo tempo a proibição de falar nele;

- e sobretudo, o que mais nos interessa aqui, no tocante à proibição de verbalizar o medo, a obrigação de exibir seus antônimos: coragem, resistência à dor, força física, invulnerabilidade, irredutivelmente articulados a um sistema de valores centrado na virilidade.

Não aceitar partilhar o álcool, adotar condutas tímidas ou que denotem medo, recusar participar das provas de desafio ao risco etc., tudo isso é infalivelmente considerado não uma atitude de sofrimento, e sim uma atitude feminina ou de "fresco". Furtar-se à estratégia coletiva de defesa é expor-se ao descrédito, ao desprezo, à exclusão da comunidade dos homens e por vezes até mesmo à perseguição implacável, aos golpes baixos, às armadilhas, às ciladas preparadas pelos outros. É correr o risco de tornar-se alvo da vingança coletiva, que sempre toma a forma de insulto, de desqualificação e até de violência e humilhação sexuais. Tais estratégias estão presentes em todas as situações de risco: química industrial, energia nuclear, pesca em alto-mar e, obviamente, no Exército, onde os trotes adquirem as dimensões que conhecemos, notadamente nos batalhões disciplinares, na Legião Estrangeira, nos comandos etc. A estratégia de defesa do cinismo viril observada entre os gerentes das empresas de ponta apresenta as mesmas características estruturais que a dos operários da construção.

4. Reversibilidade das posições de carrasco e de vítima

Graças a essas provas — que na construção civil tomam por vezes a forma das provas de obstáculos para treinamento de recrutas no Exército — é que a virilidade é atestada pelos outros. Mas graças também a essas provas é que se demonstra para si mesmo a capacidade que se tem de vencer o medo. Quanto mais se duvida dessa capacidade de não sentir medo, mais numerosas e mais difíceis se tornam as provas e as demonstrações. Assim, nos coletivos de trabalho, cumpre que cada um preste a sua contribuição *adotando ora a posição da vítima submetida à prova, ora a posição daquele que impõe a outrem a prova e a violência.*

Em outras palavras, a passagem pelo coletivo, na participação na estratégia coletiva de defesa contra o medo ou a ameaça, confirma inevitavelmente as duas posições de vítima e de carrasco, de submissão e de ameaça.

O resultado desse processo é que quem se esforça para vencer o medo causado pela ameaça contra a própria integridade física e moral no exercício de uma "atividade coordenada útil", ou seja, de um trabalho, é levado, *nolens volens*, a se tornar por sua vez cúmplice da violência e a justificá-la em nome da eficácia do domínio e do aprendizado para vencer o medo. De fato, aquele que não consegue passar nessas provas apresenta duas características:

- primeiro, não é um homem viril, podendo justamente ser tomado pelos outros como alvo do desprezo sexista;

- segundo, por sua atitude de fracasso, por sua conduta tímida, por seu medo, torna-se uma fonte de reativação do medo alheio. A conduta tímida não pode ser tolerada no local de trabalho. Cumpre evitá-la, eliminá-la. Eventualmente, sua conduta justifica a perseguição e o uso da violência contra ele. Isso é comum nas estratégias coletivas de defesa, nos trotes etc., em que as vítimas costumam ser aqueles que dão mostras de fraqueza ou hesitação, de falta de convicção ou entusiasmo em relação aos sinais externos da virilidade.

Dificilmente se pode evitar a radicalização desse processo, sobretudo quando o medo tende a surgir e é preciso se superar.

A virilidade defensiva leva ao desprezo ao fraco e não raro, também, ao ódio ao fraco, pois este desfaz um equilíbrio frágil. Ganha-se uma segurança suplementar na luta contra o medo quando, coletivamente, os que pertencem à comunidade dos fortes exercem uma dominação atenciosa sobre os fracos. Tal dominação na verdade produz um corte que os protege de uma osmose, de um contágio ou de uma contaminação pelos fracos, por seus sentimentos, suas reações, suas ideias, seus modos de pensar e de viver.

Essa dominação pode se exercer principalmente sobre o sexo "frágil", isto é, sobre as mulheres, mas também sobre os homens que carecem de virilidade.

5. Reflexão sobre o mal

A tradição filosófica estudou o mal como uma categoria *a priori*, cujas formas concretas são analisadas por historiadores, sociólogos e psicólogos. Até que surgiram o nazismo e os campos de concentração. A partir dessa etapa da história humana, o questionamento filosófico inverteu-se brutalmente. O sistema concentracionário da sociedade nazista dá ao mal uma forma concreta que ultrapassa todas as possibilidades que a filosofia tinha de investigá-lo racionalmente. A reflexão filosófica se reformula a partir de uma nova questão: como entender que o nazismo tenha surgido num país que havia então chegado, ninguém o contesta, "ao ponto mais avançado da civilização"?

É verdade que mesmo os que assistiram a esse processo de escalada e dominação do nazismo são incapazes de explicar como os impulsos éticos puderam ser todos aniquilados, deixando o caminho livre à peste negra.

Após a inversão da questão filosófica, que agora deve partir da "solução final", a qual todos admitem ser a expressão do mal radical nas sociedades humanas, a questão, a nosso ver, adquire ainda uma outra feição. O problema central do mal é o da *mobilização em massa* do "povo mais civilizado" para o exercício do mal. O que cumpre explicar não é mais a vontade de matar ou de massacrar, de exercer a violência contra outrem ou de torturar. Essas formas concretas do mal sempre foram conhecidas. Cumpre elucidar, isso sim, o processo que torna possível a *mobilização de massa* para o trabalho da violência racionalizada. A interpretação baseada na psicologia clínica do trabalho que propomos neste ensaio é uma contribuição à análise e à compreensão do processo de mobilização em massa das "pessoas de bem" para o "trabalho sujo". Tal processo, que denominamos "banalização do mal", foi por nós estudado *in statu nascendi*, no período contemporâneo de organização consciente da pauperização, da miséria, da exclusão e da desumanização de parte de sua própria população pelos países que atingiram "um alto grau de civilização", por um lado, e que conheceram um aumento sem precedente de suas riquezas, por outro, a começar pela sociedade francesa de hoje.

A nosso ver, o processo de mobilização de massa para a colaboração na injustiça e no sofrimento infligidos a outrem, em nossa sociedade, é o mesmo que permitiu a mobilização do povo alemão para o nazismo. O fato de o processo ser o mesmo não implica que estejamos numa fase de construção de um sistema totalitário. O ponto de partida e ativação do atual processo não se situa num contexto sócio-histórico comparável àquele dos anos 20 e 30. Temos condições de observar os efeitos trágicos que ele hoje exerce sobre milhões de nossos concidadãos, mas nem por isso podemos prever seus efeitos a prazo sobre a democracia. Voltaremos mais adiante àquilo que permite distinguir entre neoliberalismo e totalitarismo do ponto de vista do estudo clínico do processo em questão.

Capítulo 8

A banalização do mal

1. Banalidade e banalização do mal

Em seu livro *Eichmann em Jerusalém*, Hannah Arendt (1963) fala da banalidade do mal somente no fim do texto, pois a expressão não aparece senão na última frase. Diz ela no posfácio que sua obra não tem por finalidade analisar o mal nem sua banalidade, mas discutir os problemas que um julgamento como o de Eichmann vem colocar em face do exercício da justiça. No entanto, o livro tem como subtítulo: "Reflexão sobre a banalidade do mal".

Parece que o modo pelo qual Hannah Arendt introduz essa noção, que não vale certamente como conclusão, vem de alguma forma expressar *sua opinião pessoal* sobre a figura de Eichmann, a quem, no entanto, ela se refere a certa altura como um grande criminoso. A banalidade do mal remete aqui essencialmente à personalidade de Eichmann, cuja própria singularidade consiste em sua trivialidade. Não se trata de um herói, nem de um fanático, nem de um doente, nem de um grande perverso, nem de um paranoico, nem de um "personagem". Ele não tem originalidade. Não dá margem a nenhum comentário particular. Não desperta a curiosidade nem o desejo de compreender ou interpretar. Não é enigmático. Não é nem atraente nem repulsivo. É fundamentalmente insignificante.

O que encobre essa noção de banalidade do mal, tal como parece emanar do espírito do texto de Arendt? Eichmann, que não é um psicopata, tampouco é uma simples engrenagem do sistema nazista, na medida em que, se ele é essencialmente um ser obediente, tal obediência não é uma submissão absoluta que implique a abolição de todo livre arbítrio. Ele não é um débil nem um alienado, desses que se encontram às vezes em psicopatologia, ele não é desprovido de vontade, não é um robô.

É certamente essa posição intermediária em que Eichmann se encontra — entre o líder apaixonado ou paranoico e o escravo alienado — que faz dele um sujeito terrivelmente "banal". Assim como também são banais sua maldade, sua perniciosidade, sua insensibilidade.

Mas será esse homem um típico exemplo do sujeito que pertence ao povo ou à massa? Isso não é de todo certo. Ele pode ser um homem banal, mas nem por isso um exemplo do "homem comum".

Assim, da banalidade do mal e da banalidade do homem Eichmann não se chega imediatamente à análise nem à elucidação da participação maciça do povo alemão no nazismo.

Retomo aqui a ideia arendtiana de banalidade do mal para dar-lhe outras conotações que não aquelas presentes no seu livro sobre Eichmann. O problema que quero levantar é precisamente o do consentimento, da participação, da colaboração de milhões de pessoas no sistema: cerca de 80% do povo alemão, ou seja, 64 milhões dos 80 milhões de habitantes que contava então a Alemanha (Sofsky, 1993).

É essa banalidade — no sentido de característica ordinária, e não extraordinária, do comportamento — que me interessa, a banalidade de uma conduta tão surpreendente, e não a banalidade das personalidades. Quando se passa da análise da banalidade da conduta criminosa, da banalidade do mal, de seu caráter absolutamente não excepcional, ao estudo das personalidades, o problema se modifica: é que as personalidades são muito variadas num povo e que, precisamente, essas personalidades não são todas banais. Como é que uma gama tão diversificada de personalidades pôde ser *compatível* com a participação num procedimento absolutamente anormal e excepcional em outras circunstâncias — a do crime e da violência —, mas que se tornou normal na Alemanha dos anos 30? Como foi possível conciliar tamanha diversidade de personalidades com um comportamento unificado, monolítico e coordenado de assassinos?

Em virtude mesmo dessa questão, estou propenso a crer que, antes do problema da *banalidade* do mal, devemos colocar o da *banalização* do mal, isto é, do *processo* graças ao qual um comportamento excepcional, habitualmente reprimido pela ação e o comportamento da maioria, pode erigir-se em norma de conduta ou mesmo em valor.

Mas a banalização do mal pressupõe, em sua própria origem, a criação de condições específicas para poder obter o consentimento e a cooperação de todos nessas condutas e em sua valorização social.

Como o meu problema inicial não diz respeito à psicologia individual nem ao desejo de compreender a personalidade de Eichmann, está claro que submeto a noção arendtiana a uma transformação semântica. Meu problema é compreender uma *conduta de massa* que despreza as singularidades e as personalidades individuais, que as "transcende" de alguma forma, fazendo com que a personalidade pareça ter pouco peso diante de uma conduta de adesão coletiva.

Minha tese é que o denominador comum a todas essas pessoas *é o trabalho* e que, a partir da psicodinâmica do trabalho, talvez possamos compreender como a "banalização" do mal se tornou possível.

2. O caso Eichmann

Comecemos todavia pelo problema suscitado pela personalidade de Eichmann. Ela é desconcertante por sua própria banalidade, ou seja, pelo fato de seu comportamento e suas ideias não merecerem uma análise. É um pouco como uma superfície lisa, sem relevo. No entanto, esse é um problema interessante, por um lado, em termos de psicologia geral, e por outro, em termos de psicodinâmica do trabalho.

O problema colocado por Arendt não é um problema psicológico, mas um problema de justiça e de direito, primeiramente, e um problema ético, por último. Aliás, Hannah Arendt desconfia da psicologia e da psicanálise. É compreensível, dada a infinidade de pseudoteorias psicológicas formuladas para interpretar o fenômeno nazista. Mas isso não justifica que o psicopatologista se abstenha de levantar, a partir do caso Eichmann, problemas em seu próprio campo de pesquisa (e não no campo político). O exame da personalidade de Eichmann, como veremos, revela um funcionamento psíquico bastante particular, o qual, se é dominado pela banalidade, nem por isso é frequente. Tal exame, contudo, pode revelar certos elementos interessantes para interpretar a mobilização em massa de personalidades diferentes da de Eichmann em favor do nazismo.

Hannah Arendt caracteriza, afinal, a personalidade de Eichmann pela "falta de imaginação", pela ausência fundamental de pensamento ou da "faculdade de pensar", expressão cujo sentido exato precisaremos mais adiante. E nesse ponto creio que ela teve, mais uma vez, uma intuição fulgurante, embora certamente desconcertante para muitos leitores. Essa deficiência da capacidade de pensar está associada a algumas outras características:

- A tendência a *mentir* para os outros, assim como para si mesmo, a fim de gabar-se, de aparentar grandeza. Não é um mitômano, que produz constantemente novas mentiras ou que se vale de uma mentira sistemática para relacionar-se com os outros. Eichmann só mente ocasionalmente, sobretudo por fanfarrice, por bazófia, mas sem tentar construir para si uma imagem todo-poderosa, heroica, excepcional, virtuosa, corajosa, viril, generosa ou algo que o valha. Não há nele o culto megalomaníaco de si mesmo, nem a tentativa de sistematicamente despertar admiração, respeito, paixão ou amor. Ele também não mente para servir a interesses instrumentais. Não é venal nem corrupto. Mente apenas para "impressionar", para fazer-se de "importante". Não vai muito além disso. Ele não quer fascinar. Não é essencialmente ambicioso nem arrivista. É, quando muito, vaidoso.

- A tendência à *obediência*, à disciplina, ao rigor no exercício de suas funções, na qualidade de seu trabalho e também no que diz respeito às convenções, aos acordos e aos contratos. Ele não é obsequioso, não está numa relação de submissão, de servidão, de alienação, de robotização, não renunciou ao seu livre arbítrio, à sua liberdade, à sua vontade, à sua reflexão, às suas decisões, mesmo que a amplitude da deliberação interior seja modesta, a ponto de suas ideias parecerem às vezes simplistas, beirando inclusive a estupidez.

- A tendência a *acomodar-se*, a satisfazer-se, a deleitar-se mesmo com certas fórmulas que lhe agradam, mais pela forma do que pelo conteúdo, e que lhe infundem um entusiasmo comparável ao efeito que o álcool exerce sobre certas personalidades, como desinibidor, euforizante, psicoestimulante e sedativo da angústia. Tais fórmulas-chave, ao que parece, têm esse efeito quando ele próprio as descobre ou as inventa, ou quando vai buscá-las no repertório dos estereótipos, considerando-os então particularmente bem escolhidos ou apropriados.

- A tendência a cair em estados de *decepção*, seguidos de desânimo e apatia, de absoluta falta de entusiasmo, de déficit estênico, de *taedium vitae laborisque*. Tais estados não chegam à completa depressão. São provocados por ordens contraditórias, pelo questionamento daquilo que ele considera a base contratual de seu compromisso ou de seu trabalho. É como se a ordem contraditória ou a mudança de orientação decretada por seus superiores tivesse um efeito desorganizador sobre sua visão do mundo, sobre o sentido mesmo de seu trabalho, de sua contribuição, de seus esforços para bem proceder, como se isso significasse uma negação, uma recusa de reconhecimento, com suas consequências desmobilizadoras.

- A tendência à teimosia, à *obstinação*, que todavia não chegam à pertinácia, ao gosto pelo esforço, ao aferro ou à paixão. Essa teimosia é antes como que um mero prolongamento de sua disciplina, de sua obediência, que no entanto não são cegas. Somente teimosia. Tal tendência se concretiza essencialmente sob a forma do zelo nas missões que lhe são incumbidas.

- A tendência à *dependência* em relação às instruções, ao comando, à proteção conferida pelos papéis assinados. Sem as ordens que regulam seu mundo, e não somente seus atos, ele fica desconcertado, indeciso, soturno, a ponto de tornar-se apático. Ele não mostra nenhum sinal de dependência *afetiva* em relação a outrem, a seus colegas, a seus subordinados ou a seus superiores. Respeita as pessoas, mas não parece ceder jamais a impulsos de fascinação, o que dá a seu comportamento o caráter de um conformismo exemplar.

- A *falta de espírito crítico*: ele pode às vezes ficar insatisfeito com o que lhe pedem ou com o comportamento de alguém à sua volta; isso, porém, mais por causa da desilusão, do penoso despertar para a dura realidade, ao passo que, por outro lado, parece moralmente entorpecido. Ele não argumenta, não teoriza, não generaliza. Restam-lhe a insatisfação, a rabugice, mas de antemão ele já capitulou. Ele jamais se opõe verdadeiramente. Quando não está de acordo, descompromete-se, resmunga, mas não enfrenta, não insiste, sua teimosia afinal dura pouco, mas é suficiente para não fazer dele um mero fantoche. Quando o comando se omite — o que é diferente das situações em que modifica suas orientações —, ele tende a sentir-se perdido, sem energia (reação à perda de apoio característica da organização "anaclítica").

Como compreender a coerência — se é que ela existe — que organiza os diferentes traços da personalidade de Eichmann?

Com base na minha experiência clínica, sugiro duas vias de análise. A primeira passa pela psicanálise, e a segunda, pela psicodinâmica do trabalho.

3. Análise das condutas de Eichmann do ponto de vista psicológico

Para explicar essa configuração, proponho a expressão "retraimento da consciência intersubjetiva". Tal organização psíquica consiste em estabelecer uma nítida fronteira entre duas partes do mundo:

- o mundo intersubjetivo, imediatamente adjacente, próximo e concêntrico;

- e o mundo do outro lado, dos outros seres humanos, ao qual ele não está instrumentalmente ligado por nenhuma relação concreta referível ou identificável.

No primeiro mundo, o *mundo proximal*, Eichmann é sensível ao outro. Pode mostrar afeição, confiança, por exemplo, no policial que o interroga durante vários dias antes do julgamento, ou nos juízes do tribunal. *A priori*, toda pessoa próxima, que mostre por sua pessoa algum interesse ou que tenha poder sobre ele, desperta sua atenção, sua confiança, sua vontade de exprimir-se, sua vontade de falar a respeito de si mesmo, de se fazer compreender, de estabelecer um diálogo. Diante dessas pessoas, no mundo proximal, ele pode sentir-se obrigado, comprometido, assim como pode honrar os contratos morais ou firmados e assumir corretamente responsabilidades. Diante de outrem, no mundo proximal, ele pode pois mostrar certa sensibilidade, certa fidelidade, e manter suas promessas. Ele não é um fantoche. Ele reflete. Logo, não é desprovido de senso moral.
Em compensação, no *mundo distal*, tudo é indiferenciado. Homens e coisas têm mais ou menos o mesmo *status*. Aí somente prevalece, para ele, a racionalidade instrumental. Não existe nem compaixão, nem sensibilidade, nem empatia, nem capacidade de identificação para com outrem. Não existe medida comum entre o mundo distal e o mundo proximal. Diante das pessoas que povoam o segundo mundo, ele manifesta uma indiferença afetiva quase total, um desinteresse completo. Na falta de um vínculo imediatamente acessível à sua percepção, nenhuma relação pode ser *imaginada* (falta de imaginação quanto à condição subjetiva de outrem), na medida em que não é diretamente experimentável. Falta a esse homem, portanto, a própria noção de *universalidade moral*. Quando ele cita Kant, ele se engana e enuncia o texto após haver privado as máxi-

mas da *Crítica da razão prática* de toda dimensão de reciprocidade. Perante o mundo distal, ele não tem nenhum compromisso, nenhuma responsabilidade. O que vale para ele, vale também para os outros: ninguém pode ser considerado responsável senão perante seu próprio mundo proximal. No que respeita ao mundo distal, há delegação e isenção sistemáticas de responsabilidade. No interior do mundo distal, as responsabilidades só concernem àqueles que o habitam, no estrito limite daquilo que os liga diretamente uns aos outros.

Dessa cesura estabelecida entre os dois mundos, pode-se inferir que, fundamentalmente, Eichmann não tem nenhuma consciência moral *stricto sensu*, nenhuma autonomia moral subjetiva, nenhuma capacidade de julgamento. Seu mundo moral se reduz ao mundo psíquico e relacional rigorosamente egocêntrico.

O recurso a esse modo de funcionamento psicoafetivo pode estar ligado à pura hipocrisia e à perversão ou à má-fé. Mas costuma ser característico das personalidades de "falso *self*", que são perfeitos representantes da *normopatia*.[23] É o caso de Eichmann. No fundo, a principal característica constitutiva de sua banalidade é sua "falta de personalidade" verdadeira. Em outras palavras, Eichmann é um normopata, e essa normopatia é que Hannah Arendt designa pela expressão "banalidade do mal".

---

[23] "Normopatia" é um termo usado por certos psicopatologistas (Schotte, 1986; Mac Dougall, 1982) para designar certas personalidades que se caracterizam por sua extrema "normalidade", no sentido de conformismo com as normas do comportamento social e profissional. Pouco fantasistas, pouco imaginativos, pouco criativos, eles costumam ser notavelmente integrados e adaptados a uma sociedade na qual se movimentam com desembaraço e serenidade, sem serem perturbados pela culpa, a que são imunes, nem pela compaixão, que não lhes concerne; como se não vissem que os outros não reagem como eles; como se não percebessem mesmo que os outros sofrem; como se não compreendessem por que os outros não conseguem adaptar-se a uma sociedade cujas regras, no entanto, lhes parecem derivar do bom senso, da evidência, da lógica natural. Sendo bem-sucedidos na sociedade e no trabalho, os normopatas se ajustam bem ao conformismo, como num uniforme, e portanto carecem de originalidade, de "personalidade".

Evidentemente essa descrição é sucinta e se atém estritamente ao nível das aparências externas e dos sintomas ou, mais precisamente, da ausência (ou raridade) de sintomas psíquicos, em comparação com a maioria das outras personalidades, sejam elas patológicas ou "normais" (mas não normopáticas).

A análise metapsicológica desses casos, que são bem conhecidos, notadamente pelos especialistas de psicossomática, foge ao âmbito deste texto. Para um estudo detalhado das chamadas neuroses "de caráter" e "de comportamento", ver Marty (1976) e Marty & M'Uzan (1963).

Mas, segundo nossa análise em termos de psicologia clínica, os casos de normopatia, nos quais se encontra regularmente essa configuração da banalidade do mal, são afinal *pouco frequentes*, embora não sejam excepcionais. Mas Hannah Arendt parece ter ficado profundamente impressionada com a descoberta da normopatia, a ponto de tornar a abordá-la de modo mais detalhado e sistemático em sua última obra, inacabada, *A vida do espírito* (1978), na qual examina em que consiste a faculdade de pensar.

"Concretamente, é por duas razões muito diversas que me interesso pelas atividades do espírito. Tudo começou quando assisti ao julgamento Eichmann em Jerusalém. Em minha reflexão, falo da "banalidade do mal". Essa expressão não encobre nem tese nem doutrina, embora eu tenha percebido vagamente que ela tomava às avessas o pensamento tradicional — literário, teológico, filosófico — sobre o fenômeno do mal. (...) O que me impressionava no réu era uma falta de profundidade evidente, tanto que não se podia fazer remontar ao nível mais profundo das origens ou dos motivos o mal incontestável que organizava seus atos. Os atos eram monstruosos, mas o responsável — pelo menos o responsável extremamente eficaz que então estava sendo julgado — era absolutamente comum, como todo mundo, nem demoníaco nem monstruoso. Nele não havia traços nem de convicções religiosas nem de motivações especificamente malignas, e a única característica que se revelava em sua conduta, pregressa ou patenteada no decorrer do julgamento ou ao longo dos interrogatórios que o haviam precedido, era de natureza inteiramente negativa: não era estupidez, mas falta de pensamento. (...) Clichês, frases feitas, códigos de expressões padronizadas e convencionais têm como função socialmente reconhecida proteger da realidade, isto é, das solicitações que os fatos e os acontecimentos impõem à atenção por sua própria existência. (...) Foi essa ausência de pensamento — tão comum na vida de todos os dias, em que mal se tem tempo e muito menos vontade de parar para refletir — que despertou meu interesse. O mal (tanto por omissão quanto por ação) acaso será possível quando faltam não apenas os "motivos condenáveis" (segundo a terminologia legal), mas quaisquer motivos, simplesmente, quando não há o menor interesse ou vontade? O mal em nós, como quer que se o defina, acaso será "essa resolução de afirmar-se como mau" e não a condição necessária à execução do mal? O problema do bem e do mal, a faculdade de distinguir entre o bem e o mal, acaso terá ligação com nossa faculdade de pensar?"

Hannah Arendt não pensa como psicólogo nem como epidemiologista. Ela não se preocupa em saber se essa insuficiência do pensamento, essa falta de imaginação são raras ou frequentes, se são atributo de certas personalidades somente ou uma virtualidade presente em cada um de nós. Basta que essa configuração exista para que seja preciso proceder à sua análise filosófica, visto que constitui ao mesmo tempo um escândalo teórico e um desafio à compreensão. Contudo, se esse modo de funcionamento do pensamento, ou melhor, de funcionamento do não pensamento fosse verdadeiramente excepcional, duvido que Arendt se houvesse empenhado num trabalho filosófico de tal envergadura sobre a faculdade de pensar e sobre a vontade e o julgamento. Diz ela, aliás: "Foi essa ausência de pensamento — tão comum na vida de todos os dias, em que mal se tem tempo e muito menos vontade de parar para refletir — que despertou meu interesse" (Arendt, 1978:19).

Mas essa perspectiva aberta por Hannah Arendt encontra *a posteriori* um eco possante na questão que deu origem ao presente ensaio, a saber: de um lado, a indiferença e a tolerância crescente, na sociedade neoliberal, à adversidade e ao sofrimento de uma parcela de nossa população; de outro, a retomada, pela grande maioria de nossos concidadãos, dos estereótipos sobre a guerra econômica e a guerra das empresas, induzindo a atribuir o mal à "causalidade do destino"; enfim, a falta de indignação e de reação coletiva em face da injustiça de uma sociedade cuja riqueza não para de aumentar, enquanto a pauperização atinge simultaneamente uma parcela crescente da população.

Em outras palavras, encontram-se aqui, no nível dos membros de toda uma sociedade, as três características da normopatia: indiferença para com o mundo distal e colaboração no "mal tanto por omissão quanto por ação"; suspensão da faculdade de *pensar* e substituição pelo recurso aos estereótipos economicistas dominantes propostos externamente; abolição da faculdade de *julgar* e da *vontade* de agir coletivamente contra a injustiça.

E no entanto, certamente, toda a população que consente no mal e na injustiça, ou mesmo nisso colabora, *não pode ser considerada uma população de "normopatas"*. O que Eichmann tipicamente representa no plano do funcionamento psíquico e da organização singular da personalidade continua sendo uma exceção psicológica, mas pode manifestar-se mais amplamente como *comportamento* ou como *posição* (ver nota 12), para além das especificidades de temperamentos, caracteres e personalidades variados que não lhe opõem senão uma resistência limitada. Como isso é possível do ponto de vista psicológico?

4. Análise das condutas de Eichmann do ponto de vista da psicodinâmica do trabalho

A meu ver, a resposta não pode ser dada unicamente a partir da referência à psicologia clínica clássica. É com base naquilo que a psicodinâmica do trabalho nos ensina a respeito das estratégias defensivas contra o sofrimento que podemos compreender esse processo surpreendente. O *comportamento* normopático pode resultar de uma estratégia defensiva e não da organização estrutural da personalidade. Ele pode ser convocado a pretexto de "estratégia individual de defesa", não para lutar contra a angústia *endógena*, proveniente de conflitos intrapsíquicos, mas para se adaptar ao sofrimento causado pelo medo, em resposta a um risco proveniente do *exterior*, o da precarização, isto é, precisamente o risco de ser subjugado socialmente pelo processo de exclusão que não se pode dominar. Aqui o medo é central e decisivo. Medo de perder seu posto, de perder sua condição. Situação análoga já foi descrita anteriormente em psicopatologia do trabalho, envolvendo uma indústria francesa onde se costumava ameaçar de violências físicas as famílias e os filhos dos empregados que procuravam se opor à disciplina da fábrica, por exemplo, filiando-se a um outro sindicato que não o da empresa. Obviamente, não apenas os empregados ameaçados, mas também os outros, os que não o eram diretamente, viviam amedrontados. Foi possível mostrar que muitos empregados haviam recorrido a uma estratégia individual de defesa denominada "clivagem forçada" (Dejours & Doppler, 1985).

Existem, é claro, diferenças entre a "personalidade" normopática, que se pode reconstituir a partir da abordagem psicológica clássica do caso de Eichmann, e o "comportamento" defensivo normopático, tal como descrito a partir da psicodinâmica do trabalho. No primeiro caso, é toda a personalidade que funciona no modo normopático, tanto diante dos riscos provenientes do exterior como diante da angústia decorrente de conflitos intrapsíquicos. A personalidade como um todo é pois "banal". No segundo caso, ao contrário, o comportamento normopático só funciona diante do medo dos riscos de precarização provenientes do exterior. Essa defesa é localizada, limitada e perfeitamente compatível com um segundo funcionamento no interior da mesma pessoa (clivagem do ego). Retomando os termos arendtianos, a "faculdade de pensar" só é suspensa num setor preciso da relação com o mundo e com o outro: o setor psíquico diretamente relacionado com a adversidade alheia. Em compensação, a faculdade de pensar continua se exercendo apropriadamente em todos os demais aspectos da vida (por exemplo, na vida privada, na educação dos filhos, nas atividades artísticas e culturais). Trata-se, por assim dizer, de uma falta de capacidade de pensar "setorial" ou de uma "estupidez setorial", compatível com o exercício de uma autêntica inteligência no restante do funcionamento psíquico, no "extra-setorial". Como disse muito bem Hannah Arendt (1978:29): "Ele [Kant] afirma algures que 'a estupidez é causada por um coração mau'. Não é verdade: ausência de pensamento não quer dizer estupidez: ela se manifesta nas pessoas muito inteligentes e não resulta de um coração mau; sem dúvida, o inverso é que é verdade: a maldade pode ser causada pela ausência de pensamento".

Essa estratégia defensiva do "comportamento normopático setorial" é compatível com um outro funcionamento psíquico do pensamento, prevalecente no restante da relação do sujeito com o outro, graças à *clivagem da personalidade* — sobre a qual, aliás, esbocei uma teoria geral denominada "tópico da clivagem" ou "terceiro tópico" (Dejours, 1986).

Assim, a "banalidade do mal", tal como entendida inicialmente por Hannah Arendt a propósito da "falta de personalidade" de Eichmann, passa da categoria de exceção — a das "personalidades normopáticas" — à categoria de generalidade ordinária, tal como entendida ulteriormente por Arendt, com os comportamentos normopáticos defensivos "setoriais". A banalidade remete pois à frequência possível dessas posturas mentais entre os membros de uma comunidade. Mas, entre as duas categorias dessa banalidade, cumpre intercalar um processo específico, sem o que a banalidade do mal continua sendo uma raridade. Esse processo é o da *banalização*.

A banalização do mal não começa por impulsos psicológicos. Começa pela manipulação política da *ameaça* de precarização e exclusão social. Os impulsos psicológicos defensivos são secundários e são mobilizados por sujeitos que procuram lutar contra seu próprio sofrimento: o medo que sentem, sob o efeito dessa ameaça.

Eis por que falo aqui de consciência moral retraída. Mas que relação pode ter isso com o trabalho? A seguinte: que a divisão social do trabalho favorece inegavelmente esse retraimento concêntrico da consciência, da responsabilidade e da implicação moral. Não se tem *domínio* sobre o que os outros fazem, e *depende-se* disso. Não raro, *ignora-se* mesmo o que se passa além do mundo proximal. Pode-se até estar *enganado* a respeito do que aí se passa, pois, para saber alguma coisa, depende-se da comunicação e da informação por terceiros. Tal circunstância é vivenciada por muitos trabalhadores como uma causa legítima de desconfiança ou suspeita, ou pelo menos como uma fonte de preocupação, por vezes de angústia, de ser "manipulado".

Para outros trabalhadores, ao contrário, essa circunstância serve de álibi, de abrigo, de defesa contra a angústia da consciência ampliada, aquela segundo a qual *"homo sum: humani nihil a me alienum puto"*[24] (Terêncio. *Heautontimoroumenos*, I, 1, 25). A divisão das tarefas serve aqui de meio para a divisão subjetiva, para a clivagem do mundo, para a clivagem do ego, para o retraimento da consciência intersubjetiva setorial e, por fim, para a ignorância que confere "inocência" e serenidade.

5. A estratégia defensiva individual dos "antolhos voluntários"

Essa estratégia de defesa — a experiência clínica o atesta — é frequentemente e facilmente utilizada. Consiste, em suma, em pôr "antolhos voluntários" ou "bancar avestruz", vale dizer, comprar barato a inocência. Essa negação da realidade é dissimulada sob a máscara da ignorância que implicaria a aplicação, a concentração e o zelo no trabalho. Trata-se de um comportamento associado a uma "estratégia *individual* de defesa", radicalmente distinta das "estratégias coletivas de defesa", tais como as da construção civil ou do cinismo viril dos gerentes, que descrevemos anteriormente.

Coloca-se então a seguinte questão clínica: se é fácil recorrer à estratégia individual dos "antolhos voluntários" (normopatia setorial, por clivagem), por que alguns preferem esta (a estratégia individual dos "antolhos voluntários") àquela (a estratégia coletiva do "cinismo viril")?

A meu ver, a "escolha" se faz em função da distância entre o sujeito e o teatro onde se exercem diretamente a violência, a injustiça e o mal contra outrem. No caso dos gerentes que são mobilizados para executar os "planos sociais" e exercer metodicamente a ameaça de demissão com fins intimidadores, vimos que eles participam da estratégia coletiva de defesa ou da ideologia defensiva do cinismo viril. Parece-me que, sob influência das vítimas, o medo de se ver também demitido e o sofrimento por ter que cometer atos que se reprova atingem tal intensidade que não há como se furtar ao apelo da defesa coletiva para consentir em colaborar. Isso é evi-

---

[24] "Sou homem: nada do que é humano reputo alheio a mim."

dente no que concerne às condutas banalizadas do mal na gestão neoliberal. Mas, ao que me parece, é com base na mesma análise que se pode compreender como os judeus foram capazes de colaborar com os nazistas e os SS nos *Judenräte* instalados nos guetos ou nas funções de *kapo* dos campos de concentração. Nesse sentido, o livro de Carel Perechodnik (1993) é um testemunho impressionante e pungente. Mais uma vez, cumpre assinalar, a relação para com o trabalho tem aí papel fundamental. Lembremos, a propósito, a observação de Sofsky (1993) segundo a qual era possível obter dos próprios judeus um comportamento calcado sobre o dos SS nos campos de concentração, sem que para isso fosse necessário convencê-los da justeza ou legitimidade da solução final. A estratégia coletiva de defesa torna inútil a adesão por convicção. A convicção é secundária na experiência do trabalho e não o *primum movens* da colaboração eficaz.

Assim, para os que se acham no teatro das operações do mal, o recurso ao retraimento da consciência intersubjetiva é impossível. A defesa por meio dos antolhos voluntários, ou normopatia setorial, não é viável, porquanto as vítimas do mal irrompem de modo demasiado direto no campo da consciência e no mundo proximal, o que impede a recusa individual de agir convenientemente — tal é o caso dos "chefetes" em muitas situações de trabalho, por exemplo, os contramestres das firmas de limpeza (Messing et alii, 1993).

A situação é diferente para os que não estão diretamente envolvidos no "teatro das operações", para os que não são nem contramestres nem gerentes operacionais. Eles sabem, é claro, do que se passa, mas somente pela mediação da palavra alheia e não pelo espetáculo direto. Ressurge aqui o tema da "aparência" — tratado por Hannah Arendt no primeiro capítulo de *A vida do espírito* (1978) — e de suas relações com a percepção. Aqui é possível o recurso à estratégia dos antolhos voluntários. As vítimas estão mais afastadas e podem ser relegadas ao segundo mundo, ao mundo distal, por meio da clivagem do ego. É pois um recurso possível para todos os que não estão diretamente no teatro das operações, a começar pelos que, na própria empresa onde se praticam a injustiça e a gestão por ameaça, se acham nos "escritórios", na administração ou em setores de atividades (de produção ou de serviços) que nem sempre são afetados (ou o são menos) pela gestão por ameaça. Na verdade, em certas empresas, nem todos os setores são afetados simultaneamente da mesma maneira. Sobretudo nas grandes empresas, uma vez que, num dado período, ou é uma certa fábrica que passa pela reforma estrutural ou administrativa, enquanto as outras são momentaneamente poupadas do enxugamento de pessoal e do aumento da carga de trabalho, ou é um certo setor da produção que é atingido, enquanto outros mais estratégicos são poupados etc. O recurso à estratégia defensiva do retraimento da consciência subjetiva é, *a fortiori*, utilizável pelos que são titulares de seu cargo e têm um emprego estável: é o caso, por exemplo, dos funcionários que só têm experiência direta da injustiça social com algum tempo de atraso e cuja situação só se torna crítica quando há privatização, ou preparação para a mesma, e seu estatuto passa a ser então questionado, como se vê na France Télécom ou na EDF-GDF.

Enfim, o recurso à estratégia defensiva individual do retraimento da consciência intersubjetiva ("antolhos voluntários") é utilizável por todos os que só conhecem a injustiça através da mídia ou da palavra alheia: os que não trabalham, os aposentados que não conheceram as atuais condições de trabalho, os jovens que ainda não se confrontaram com o trabalho *in situ*, as donas de casa etc.

Somos assim levados a distinguir duas populações: por um lado, em função de sua proximidade do teatro do mal e da injustiça; por outro, em função das estratégias defensivas utilizadas contra o medo. Se bem que muito contrastadas, essas duas populações cooperam no mal: uns são "colaboradores", e os outros, uma população anuente. A cooperação não se dá entre duas populações diretamente, mas entre dois tipos de estratégias defensivas: de um lado, estratégia coletiva, de outro, estratégia individual; de um lado, cinismo viril, de outro, antolhos voluntários. Essas estratégias defensivas têm certamente uma função primordial de adaptação e de luta contra o sofrimento, mas são também, por sua articulação e continuidade, o meio essencial, *sine qua non*, de banalização do mal. Essa articulação entre as duas populações mediante suas estratégias defensivas é extremamente potente em termos sociais e políticos.

Pois quando, nessas populações, certos sujeitos recusam cooperar, recusam recorrer a tais estratégias defensivas e protestam, eles vão de encontro à massa dos que se defendem, e sua voz se torna inaudível. Na atual situação, pelas razões que expusemos no capítulo 1, o recurso a essas estratégias é maciço, estando largamente difundido, há décadas, entre a população, o descrédito com relação ao sofrimento. Acaso será intransponível o limite entre essas duas populações, diferenciadas em função da escolha das estratégias defensivas? Ou será possível utilizar alternativamente, se não simultaneamente, uma estratégia coletiva e uma estrátegia individual de defesa?

6. Limites das estratégias defensivas e crise psicopatológica

Do ponto de vista clínico, parece que a estratégia coletiva do cinismo viril é quase sempre utilizada pelos que estão diretamente envolvidos no teatro das operações do mal. Todavia não existe nexo causal entre sofrimento e defesa coletiva, tampouco relação automática ou mecânica. Trata-se de uma construção. Essa construção é sempre marcada por certo grau de fragilidade, de precariedade. Notadamente quando sobrevém uma nova onda de "reformas estruturais". Cada nova onda desestabiliza a estratégia coletiva de defesa anteriormente utilizada e que se ajustava especificamente às condições precedentes. Só resta então o recurso, em última instância e em desespero de causa, à estratégia individual dos antolhos. Alguns, em situações extremamente ansiogênicas, logram êxito. Mas outros fracassam. É nessas circunstâncias que se observam descompensações psicopatológicas. Estas assumem duas formas principais. A primeira é a prostração, o abatimento, o desespero e, mais à frente, o espectro da depressão, da alcoolização e até — como se vê atualmente de maneira esporádica mas não excepcional — do suicídio (Huez, 1997). A segunda consiste num impulso reacional de revolta desesperada, que pode chegar a atos de violência, de depredação, de saque, de vingança, de sabotagem, como temos visto nesses últimos anos na EDF-GDF (Chinon, Paluel, Le Blayet, Tricastin).Tais descompensações, tanto umas quanto outras, são mal conhecidas porque são rigorosamente ocultadas pela direção da empresa, e raros são os "casos" que se tornam públicos.

Pode-se comparar essas conjunturas que levam à mutação das posturas defensivas (passando da estratégia coletiva de defesa do cinismo viril ao refúgio na defesa individual dos antolhos ou do retraimento da consciência intersubjetiva) com o que se viu por ocasião da desestabilização das estratégias coletivas de defesa entre os nazistas, quando o sistema entrou em crise e se desfizeram tais estratégias. Tal foi o caso no julgamento de Nuremberg. Os que, até a derrota, se beneficiavam da estratégia coletiva de defesa do cinismo viril não tinham mais como argumentar acerca de seus abusos senão recorrendo à estratégia individual dos antolhos: "Eu não sabia". "Eu não sou responsável; cumpro, da melhor maneira, as ordens".

7. Banalização do mal: a articulação dos estágios do dispositivo

Depois da questão da orientação da escolha entre esta ou aquela estratégia defensiva, resta-nos examinar ainda uma última questão: como é que a maioria dos sujeitos dotados de senso moral consegue administrar a clivagem de sua personalidade — clivagem em virtude da qual eles conservam o senso moral no setor que não guarda relação com a percepção do sofrimento infligido a outrem (espaço privado), ao mesmo tempo em que suspendem totalmente seu senso moral no setor que os solicita diretamente ao espetáculo do sofrimento ou à colaboração na injustiça (espaço social do trabalho)?

Mesmo sendo a clivagem uma banalidade psicológica, na medida em que tomemos por referência o "tópico da clivagem" de que falamos anteriormente, o fato é que o ajustamento de toda uma gama de personalidades a esse modo de funcionamento da normopatia setorial suscita um problema psicopatológico de monta. Na verdade, a clivagem, por banal que seja, assume em cada sujeito uma forma específica, segundo sua história particular. Mesmo que dois neuróticos tenham efetivamente, além de sua neurose, um setor clivado, tal setor não é o mesmo nessas duas pessoas. Como são possíveis a generalização e a unificação das clivagens pela sociedade? Como se pode chegar a uma normopatia defensiva setorial, monolítica, coordenada, de massa?

Para responder a essa questão, é preciso levar em conta que o setor clivado (aquele onde é suspenso o senso moral) se caracteriza pela suspensão da faculdade de pensar. Sabe-se que o setor a ser excluído do pensamento é o mesmo para todos: o do medo da adversidade socialmente gerada pela manipulação neoliberal da competição pelo emprego, à qual demos o nome de "precarização". Precarização que não concerne apenas ao emprego, mas também a toda a condição social e existencial. Nessa configuração psicológica bastante peculiar, a zona do mundo que é negada pelo sujeito, e onde é suspensa a faculdade de pensar, é por sua vez ocupada pelo recurso aos estereótipos. O sujeito substitui o pensamento pessoal por um conjunto de fórmulas feitas, que lhe são dadas externamente, pela opinião dominante, pelas conversas informais. Nessa zona, há uma suspensão da capacidade de julgar. A questão está decidida. A unificação dos estereótipos, das fórmulas feitas, dos lugares-comuns empregados, para além das diferenças sociais e políticas, só se torna compreensível quando nos lembramos de como funciona a estratégia da distorção comunicacional (cujo papel é decisivo na fabricação dos estereótipos) que nos propusemos analisar no capítulo 4. É sobretudo pela generalização da tolerância ao mal em toda a sociedade que podemos medir a força do impacto político das distorções produzidas na descrição da realidade das situações de trabalho, quando elas são difundidas pelos diversos meios de "comunicação".

Se a mentira não estivesse organizada de modo rigoroso e coerente (em escala tão ampla como se vê atualmente, a partir da comunicação empresarial), não haveria a menor possibilidade de unificar as estratégias individuais de defesa, que permanecem fundamentalmente particulares, mesmo após passarem pelo processo de banalização. A clivagem, para se manter, necessita de um discurso pronto, assimilado, retomado, *encontrado* pelo sujeito, individualmente, é verdade, mas num discurso fabricado e produzido externamente, enfim, proposto externamente ao sujeito.

Para que o discurso encontrado por um seja o mesmo para todos, é preciso que ele tenha adquirido o *status* inequívoco de discurso ou opinião *dominantes*. Isso é o que faz a estratégia da distorção comunicacional, cujo papel é decisivo, diga-se mais uma vez, na banalização do mal. A racionalização economicista é um dispositivo sem o qual o medo das pessoas de bem ante a ameaça da adversidade social gerada (a precarização) não poderia alimentar as estratégias defensivas que vão dar na banalização do mal.

Do ponto de vista clínico, portanto, somos levados a concluir que a banalidade do mal repousa afinal sobre um dispositivo de três estágios. Quando corretamente articulados, eles têm um poder eficaz de neutralização da mobilização coletiva contra a injustiça e o mal infligidos a outrem em nossa sociedade.

O primeiro estágio é constituído pelos líderes da doutrina neoliberal e da organização concreta do trabalho do mal no teatro das operações. O perfil psicológico mais típico é representado por uma organização da personalidade de tipo perverso ou paranoico. Existem muitos estudos psicológicos a seu respeito. Seu engajamento não é defensivo, mas sustentado por uma vontade que se situa no prolongamento direto de seus impulsos inconscientes.

O segundo estágio é constituído pelos colaboradores diretos, que atuam no próprio campo das operações ou em suas proximidades. Aqui as estruturas mentais são muito diversas. Sua unificação, sua coordenação e sua participação ativa se obtêm mediante estratégias coletivas e ideologias de defesa. Nesse caso é a *defesa* que é a mola do engajamento, e não o *desejo* (estratégia coletiva de defesa do cinismo viril).

Por fim, o terceiro estágio é constituído pela massa dos que recorrem a estratégias de defesa individuais contra o medo. A unificação dessas estratégias, que resulta na anuência em massa à injustiça, é garantida pela utilização comum dos conteúdos estereotipados de racionalização que são colocados à sua disposição pela estratégia da distorção comunicacional.

Isto posto, não se pode compreender o processo de banalização do mal unicamente a partir da análise das condutas dos que prestam, *nolens volens*, sua adesão ao sistema. Cumpre considerar também o impacto que exercem sobre o próprio processo aqueles que não aderem ao sistema. Podemos distinguir aqui duas categorias: os que ignoram, verdadeiramente, a realidade à qual, por uma razão específica, não têm nenhum acesso. Estes consentem, mas sem o saber. São inocentes, sua responsabilidade não está envolvida, mas sua conduta é, de fato, definitivamente a mesma que aquela que adota intencionalmente a estratégia defensiva da normopatia setorial, que não é absolutamente de ignorância, e sim uma composição com a metira. A segunda categoria é representada pelos oponentes, os que resistem ao sistema. Sabemos como, nos sistemas totalitários, são tratados os oponentes: exílio, execução ou campo de concentração. Mas seguramente esse não é o caso na sociedade neoliberal. O recurso ao terror e ao extermínio é obviamente o que distingue o totalitarismo do sistema neoliberal.[25] Neste último, empregam-se todos os tipos de meios de intimidação para produzir medo, mas não a violência contra o corpo. Parece que os oponentes, no caso do neoliberalismo, se veem basicamente confrontados com a ineficácia de seu protesto e de sua ação. Não tanto por serem minoria, mas em virtude da coerência que prende o resto da população à banalização do mal. A ação direta de denúncia é impotente, porque vai de encontro à impossibilidade de mobilizar a parcela da população que adere ao sistema. Suas ações e manifestações podem ser eficientes, mas têm alcance reduzido na medida em que não se articulam a um projeto político alternativo estruturado e confiável.

Devemos então concluir que, uma vez iniciado o processo de banalização do mal, não existe nenhuma alternativa possível? De modo algum, como veremos mais adiante! Mas a ação, ao que parece, deve mudar

---

[25] "A pressão que um Estado totalitário moderno pode exercer sobre o indivíduo é espantosa. Suas principais armas são três: a propaganda direta ou camuflada pela educação, pelo ensino, pela cultura popular; a barreira imposta ao pluralismo das informações; e o terror" (Levi, 1986:29).

radicalmente de objetivo. Cumpre substituir o objetivo da luta contra a injustiça e o mal por uma luta intermediária, que não se volte diretamente contra a injustiça e o mal, e sim contra o próprio processo da banalização. O que subentende, primeiramente, uma análise precisa desse processo de banalização.

Afinal, a parte menos misteriosa do dispositivo de banalização do mal é representada pelo primeiro estágio, aquele ocupado pelas pessoas que adotam as posições de psicopatas perversos ou de paranoicos e que formam o batalhão dos líderes do trabalho do mal. O enigma fundamental é a banalização graças à qual se podem arregimentar colaboradores e anuentes, a partir de uma população de pessoas de bem que dispõem, indubitavelmente, de senso moral. A abordagem clínica propiciada pela psicodinâmica do trabalho sugere que no cerne do processo de banalização do mal está o sofrimento, e que são as estratégias defensivas contra o sofrimento que podem — em certas condições caracterizadas pela manipulação da ameaça — ser utilizadas contra a racionalidade moral-prática, a ponto de arruiná-la. Na base, pois, do triunfo da racionalidade instrumental do mal parece haver um conflito que acaba mal entre racionalidade moral-prática e racionalidade subjetiva. A inteligibilidade e a racionalidade das condutas subjetivas que conduzem à banalização do mal são acessíveis a partir da análise do sofrimento — especificamente, do medo — que engendra terríveis processos defensivos.

Tal análise leva a conferir aos processos gerados pelo medo um papel essencial no funcionamento da sociedade liberal. A psicodinâmica do trabalho analisa de maneira particular as respostas humanas e sociais ao medo. Mas acaso haverá outros meios de lutar contra o medo que tenham consequências menos temíveis para a organização da sociedade?

Capítulo 9

Requalificar o sofrimento

1. *A virilidade contra a coragem*

Ao medo a filosofia moral opõe a razão, em nome da qual o sujeito virtuoso deve vencer seu medo, inclusive o medo de morrer das consequências da violência. Essa virtude é a *coragem*.

Como adquirir coragem e força para neutralizar o medo e assim poder enfrentar o combate, a guerra, a morte? Pelo aprendizado da dor física, do qual a educação espartana é uma espécie de modelo. É aprendendo a suportar o sofrimento do corpo que podemos esperar alcançar a coragem da alma. O comportamento da alma seria pois dirigido pelo comportamento do corpo, o que pressupõe uma certa concepção das relações entre o corpo e a alma, tema que deixo de lado por fugir um pouco ao nosso propósito.

Parece-me, do ponto de vista da psicodinâmica do trabalho, que essa concepção do aprendizado da coragem deve ser questionada. De fato, o uso *refletido* e mesmo racional da violência contra o próprio corpo para forjar coragem e vencer o medo tem, por sua vez, uma série de consequências às quais não se dá a devida atenção. Em primeiro lugar, a resistência à dor e ao sofrimento — ainda que regrada — tem por consequência uma familiarização com a violência, o que por sua vez suscita um problema ético específico. Pois, para adquirir resistência ao sofrimento, é preciso uma parceria com um agente que cause o sofrimento, a violência e o medo. O aprendizado da coragem passaria então pelo aprendizado da *submissão* voluntária e da cumplicidade com os que exercem a violência, mesmo que sob pretexto "didático"!

A segunda consequência é o risco de *justificar* a violência, porquanto, em certas condições, poder-se-ia considerar que ela está a serviço da virtude.

A terceira consequência, após a familiarização, o aprendizado da submissão e a justificação paradoxal da violência, é o risco de incorrer numa forma terrível de aperfeiçoamento do aprendizado da coragem, ou seja, o de ser capaz, por sua vez, de cometer violência contra outrem:

- quer por motivos pedagógicos (justifica-se fazer alguém sofrer para torná-lo resistente e corajoso);

- quer por motivos ligados à coerência interna dos processos psicológicos, a saber, que o homem corajoso, uma vez capaz de neutralizar o medo que lhe causa a ameaça de violência, deve também ser capaz de assistir ao espetáculo do sofrimento, em sua totalidade e em sua crueza, sem vacilação, sem reação emocional ou afetiva. Só é totalmente corajoso quem é capaz não apenas de neutralizar o próprio medo, mas também de permanecer impassível diante do medo alheio, ou seja, quem é capaz de vencer os sentimentos de piedade, compaixão, horror, desgosto e nojo que lhe provocam o espetáculo do sofrimento que ele deve, como combatente, infligir ao inimigo. E, por fim, é totalmente corajoso o homem que pode *dar prova* de sua capacidade de extirpar de si toda compaixão pela dor alheia. Essa prova irrefutável é, inevitavelmente, a capacidade de levar a cabo o ato violento contra alguém ameaçador, sem fraquejar, apesar do sangue, dos gritos, da dor, do sofrimento da vítima. É corajoso o homem que é capaz, *quando as circunstâncias o exigem*, de portar-se como carrasco.

A coragem, em sua forma primária, é a capacidade de ir à guerra para afrontar a morte e infligi-la a outrem. "*Andreia*, palavra grega pós-homérica mais corrente para designar coragem, é a qualidade de *anér*, de macho, no sentido guerreiro. Assim, na *Ilíada*, encontramos frequentemente a exortação: 'Sede homens (*aneres este*), não deixeis arrefecer vossa bravura ardente'" (Smoes, 1992). Mas essa virtude da alma, acaso será humanizante? Isso não é certo: ela forma homens viris, mas talvez não humanos; ela não deixa de ser ambígua em face da humanitude. Quem não é capaz de vencer o medo e ir à luta não é um homem corajoso. Não é homem, por isso?

Em geral, não se exige das mulheres esse aprendizado.[26] E o homem que não consegue neutralizar seu medo é invariavelmente relegado à classe das mulheres, o que é ignominioso para sua identidade sexual e sua virilidade.

Mas, por estar do lado das mulheres, deixa-se de ser humano? E se não poder cometer violência contra outrem for precisamente a característica do homem e de sua humanitude? Então a coragem se limitaria à capacidade de vencer o medo pelo aprendizado da resistência à violência, sem ultrapassar esse limite. A coragem seria poder suportar o próprio sofrimento. É claro que não é nesse sentido que se entende geralmente a noção de virtude da coragem. Tolerar o próprio sofrimento e não reagir pela violência é antes visto como resignação, derrota, desistência e até covardia ou complacência com a dor, o que certamente não é uma conduta viril.

A análise de todas essas situações de trabalho em que a virilidade está a serviço de estratégias coletivas de defesa mostra que invariavelmente a virilidade é solicitada quando o *medo* está no cerne da relação vivenciada com as pressões do trabalho: medo de acidentes, medo de não saber lidar com problemas e dificuldades, medo do fracasso, medo da exclusão e da solidão, medo da perseguição e da violência etc.

Tal conjuntura está longe de ser excepcional. Ela é banal para o soldado e o oficial, mas também para o policial e o carcereiro. E mais, ela às vezes é banal para o médico, o cirurgião, o reanimador, bem como para os chefes em geral, os dirigentes, os diretores, os políticos, os chefes de Estado-maior etc. Toda vez que este ou aquele tem que infligir sofrimento a outrem é em nome da coragem e da virilidade.

Como disse muito bem Pascale Molinier (1995), "somente dos homens se pode exigir que exerçam a violência contra outrem. E somente os homens podem tomar por covardia a recusa de cometer violências quando se lhes ordena ou quando 'a situação o exige'".

Não encontramos tal configuração entre as mulheres. Recusar-se a exercer a violência, para uma mulher, não é jamais demérito aos olhos das outras mulheres. O fato de uma mulher se recusar a praticar o mal contra outrem só pode ser tido como defeito pelos homens que associam tal recusa à fragilidade, e essa fragilidade à inferioridade congênita

---

[26] A não ser daquelas que são chamadas a ocupar cargos profissionais monopolizados pelos homens. E nesses casos surgem frequentemente dificuldades psicológicas e afetivas na esfera privada e na economia erótica (Hirata & Kergoat, 1988; Dejours, 1996).

das mulheres... o sexo frágil. *A fragilidade do sexo frágil não é não poder suportar o sofrimento, mas não poder infligi-lo a outrem.*

As pesquisas de Pascale Molinier sobre as enfermeiras mostram que, para elas, a relação com o trabalho e o sofrimento é radicalmente diferente da dos homens.

Obviamente, a coragem diante de uma ordem para exercer a violência contra outrem ou para matá-lo não é obedecer e vencer o próprio desgosto ou repulsa. A coragem é desobedecer e ao mesmo tempo arriscar-se a ser excluído da comunidade dos fortes e viris, bem como arriscar-se a partilhar a sorte reservada às vítimas. Se nos é permitido levantar o problema do que viria a ser, socialmente e politicamente, a coragem destituída de qualquer referência à virilidade, podemos também nos perguntar se, dissociando o exercício da violência contra outrem da virilidade, a virilidade socialmente construída teria ainda algum sentido. Acaso existe uma virilidade que pudesse ser definida sem nenhuma referência à prática da violência, do estupro, do extermínio e de todas as formas de agressão ao corpo alheio? Mas também sem nostalgia dessas fases da vida em que fomos obrigados a suportar nós mesmos o sofrimento e a injustiça, vale dizer, sem masoquismo? E, por fim, sem justificação da violência exercida contra outrem sob pretexto de que nós mesmos, no passado, suportamos a violência e o sofrimento, e que sobrevivemos? Vale dizer, sem risco de transmissão psicopatológica, tal como nessas famílias em que certos pais justificam a violência e a ameaça exercidas contra os filhos sob pretexto de que eles próprios, quando eram crianças, sofreram maus-tratos por parte dos pais. Rompendo com a ideia de que sua capacidade de resistir justificaria a valorização da violência e lhes daria o direito, se não o dever, de fazer o mesmo com seu filhos, em nome do bem! (Miller, 1980; Canino, 1996).

Outra questão que surge inevitavelmente é a seguinte: a virilidade, destituída de qualquer referência ao trabalho, seria ainda suscetível de alguma justificação?

A teoria da psicodinâmica do trabalho propõe uma resposta negativa. Sem o vínculo que une por vezes a violência ao trabalho, a referência à virilidade não teria mais nenhuma utilidade. Afinal, é sempre em nome de um *trabalho* que se legitima o "dever de violência". De um trabalho ou de uma atividade de produção ou de serviço. E a virilidade invariavelmente é convocada para fazer frente ao medo, à hesitação ou à deserção. A virilidade é convocada para neutralizar, na medida do possível, as reações da consciência moral desencadeadas pelo exercício da violência. A guerra é sempre, no fundo, a situação exemplar de referência, como no caso da estratégia coletiva de defesa do cinismo viril de que se lança mão em nome da "guerra das empresas", da "guerra econômica", em nome da "guerra concorrencial".

Deixar de apelar para a virilidade leva a um novo modo de tratar o problema da dor e do sofrimento infligidos a outrem no exercício de uma atividade de trabalho: abrir uma barriga, extrair um dente, machucar, bater num perturbado, demitir um trabalhador indefeso, eliminar, torturar, exterminar etc., em todas essas situações, o mal infligido a outrem deve continuar sendo definido, reconhecido e identificado como mal. Seria necessário, por exemplo, admitir que, para fazer corretamente a cirurgia, é preciso fazer mal a outrem e pôr o cirurgião ou o estudante de medicina diante dessa dificuldade sem jamais fazê-lo transpor tal obstáculo no silêncio ético.

A virilidade é o mal ligado a uma virtude — a coragem — em nome das necessidades inerentes à atividade de trabalho. A virilidade é a forma banalizada pela qual se exprime a justificação dos meios pelos fins. A virilidade é o conceito que permite transformar em mérito o sofrimento infligido a outrem, em nome do trabalho.

Isto posto, o problema do "trabalho do mal" se coloca diferentemente conforme seja conjugado no singular ou no plural; conforme seja erigido em sistema de administração dos negócios da empresa (ou da sociedade) ou surja de modo excepcional ou acidental; conforme seja condenado pela maioria que não toma parte nesse trabalho ou seja banalizado pela maioria que dele participa, como vimos anteriormente.

O problema que estivemos examinando não é o do mal em geral, mas o da banalidade do mal. A banalidade do mal, à luz da psicodinâmica do trabalho, não parece nem espontânea nem natural. Ela é resultado de um amplo processo de banalização, que não pode funcionar unicamente à base da virilidade defensiva e que exige também uma estratégia de distorção comunicacional. A mentira é indispensável à justificação da missão e do trabalho do mal. Este ponto é capital. Não há *banalização* da violência sem ampla participação num trabalho rigoroso envolvendo a mentira, sua construção, sua difusão, sua transmissão e sobretudo sua racionalização.

2. Desbanalizar o mal

Nesse dispositivo de banalização do mal, o elo menos sólido parece ser o da mentira comunicacional. A maioria dos que alimentam a mídia da mentira tem uma clara percepção dessa mentira. E nesse ponto, ao menos, eles têm uma intuição da clivagem psicológica a que são induzidos pelo fato de pertencerem ao núcleo organizado da sociedade.

Portanto, me parece que é nesse nível que se deveria conduzir, prioritariamente, a discussão nos espaços disponíveis, tanto na empresa quanto nos sindicatos ou no espaço público. A mentira é um dispositivo sem o qual o exercício do mal e da violência não pode perdurar. Hannah Arendt (1969) insiste nos vínculos entre mentira e violência. Combatendo a distorção comunicacional, é de se esperar que haja um despertar da curiosidade na sociedade e sobretudo um interesse renovado da comunidade científica pelo trabalho, que tende a se tornar um importante instrumento de aprendizado da injustiça nas sociedades neoliberais. Todavia, sustentamos a ideia de que a virilidade tem um papel ao menos tão importante quanto o da mentira, na medida em que, sem ela, não há possibilidade de fazer o mal passar por bem. Mas *a virilidade é em si uma mentira, eis o que cumpre não omitir na análise*. Todo o resto do dispositivo de distorção comunicacional funciona como potencializador da mentira da virilidade e não pode substituí-la. A mentira por si só não teria esse impacto político se não estivesse escorada nos processos psicológicos mobilizados pelo tema da virilidade. Contudo, não é certo que o ataque direto e frontal contra a virilidade seja estrategicamente a melhor conduta a adotar. Parece menos difícil reexaminar as coisas no nível da mentira comunicacional propriamente dita, pois esta é mais fácil de ser distanciada e objetivada do que a mentira "viriarcal" (Welzer-Lang, 1991), profundamente arraigada em nossa cultura.

Lutar contra o processo de banalização do mal implica trabalhar em várias direções.

- A primeira consiste em proceder sistemática e rigorosamente à desconstrução da distorção comunicacional nas empresas e nas organizações. Recolhendo testemunhos sobre a mentira organizacional, como o fazem por exemplo as organizações de médicos do trabalho (Paroles, 1994). Realizando pesquisas e sondagens sobre aquilo que é dissimulado, sabendo porém quão difíceis e perigosas são essas pesquisas, como a de Günter Wallraff (1985) e a sondagem STED (Doniol-Shaw et alii, 1995), pois quem as promove fica sujeito a duras retaliações. Aprofundando, enfim, a análise e o levantamento dos métodos utilizados na distorção comunicacional.

- A segunda consiste em trabalhar diretamente na desconstrução científica da virilidade como mentira. Também aqui o caminho foi corajosa e habilmente desbravado por Daniel Welzer-Lang (1991).

- Além da desconstrução da mentira, quem sabe poderíamos também empreender o que chamaríamos de *elogio do medo*, ou pelo menos a reabilitação da reflexão sobre o medo e o sofrimento no trabalho? Não apenas para combater o cinismo, que é hoje uma das expressões mais gritantes da banalização do mal, como também para rediscutir a racionalidade pática e sua influência sobre a mobilização e a desmobilização na ação política (Boltanski, 1993; Périlleux, 1994; Pharo, 1996).

- Talvez conviesse, enfim, rever a questão ética e filosófica acerca do que seria a coragem destituída de virilidade, partindo da análise da coragem no feminino e da análise das formas específicas de construção da coragem entre as mulheres, que poderiam muito bem caracterizar-se pela invenção de condutas que associam reconhecimento da percepção do sofrimento, prudência, determinação, obstinação e pudor, vale dizer, condutas bem diferentes da da virilidade, porquanto não tentam negar o sofrimento nem o medo, não propõem recurso à violência, não procedem à racionalização e não se inserem na busca da glória.

Capítulo 10

Sofrimento, trabalho, ação

Hannah Arendt entendia por "banalidade do mal" a suspensão ou a supressão da faculdade de pensar que podem acompanhar os atos de barbárie ou, mais geralmente, o exercício do mal. Como se para fazer o bem fosse preciso pensá-lo e decidi-lo, enquanto para fazer o mal não seria indispensável querê-lo ou desejá-lo deliberadamente (Pharo, 1996, cap. 8, p. 223-40). Assim, o mal aparece às vezes não como resultado de uma estratégia complexa ou diabólica, nem de uma maquinação que implique a mobilização de uma inteligência fora do comum, como o sugerem todavia os complôs, as conjurações, as emboscadas, os estratagemas civis e militares, as vinganças longamente planejadas, os planos de ação maléficos urdidos por muito tempo em segredo etc. É que, nesses casos, pensamos nos organizadores, nos idealizadores, nos chefes, nos líderes das ações maléficas. Não! O mal, a barbárie podem ser produzidos sem o concurso da inteligência e da deliberação, simplesmente, sem esforço, quase pacificamente: banalidade do mal tão encontradiça entre os "figurantes". Os agentes que colaboram na *execução zelosa* do mal, da violência ou da injustiça, sem serem seus idealizadores, são por vezes acometidos da mesma banalidade que o mal de que participam. Eles são apenas as engrenagens de um sistema, mas ficam satisfeitos quando conseguem ser boas engrenagens: a banalidade de sua personalidade é pois a réplica psicológica da banalidade do mal.

Eichmann é um típico representante da banalidade do mal e de uma certa forma de estupidez, no caso, de uma inteligência inteiramente a serviço da eficácia de uma atividade exercida sem emprego da faculdade de pensar ou da capacidade de criticar seu sentido.

Personalidades como a de Eichmann não são excepcionais, mas também não são frequentes. Não se pode admitir que todos os alemães que colaboraram com o sistema nazista fossem "normopatas" constituídos psiquicamente como Eichmann. Os figurantes, que formam a massa dos colaboradores, são precisamente o objeto de análise deste ensaio. Mas a maioria das "pessoas de bem", à diferença de Eichmann, é dotada de um senso moral, de uma capacidade de pensar e de uma inteligência que os levam em geral a reprovar o mal e a barbárie e por vezes a opor uma hesitação, uma resistência ou mesmo uma recusa virulenta ao exercício deliberado e sistemático do mal contra outrem. Alguns chegam até a orientar sua ação para a solidariedade, o auxílio mútuo, a luta pela democracia e a justiça etc.

Como é possível que as pessoas de bem, em sua maioria, aceitem, apesar de seu senso moral, "colaborar" com o mal?

Entendemos por *banalização* do mal não somente a atenuação da indignação contra a injustiça e o mal, mas, além disso, o processo que, por um lado, *desdramatiza* o mal (quando este jamais deveria ser desdramatizado) e, por outro, *mobiliza* progressivamente um número crescente de pessoas a serviço da execução do mal, fazendo delas "colaboradores". Temos que compreender como e por que as pessoas de bem oscilam entre a colaboração com o mal e a resistência ao mal.

Tentamos dar a essa questão uma resposta que não se apoia na análise do totalitarismo nem do nazismo, mas do neoliberalismo. Este último também gera injustiça e sofrimento, e devemos nos preocupar em estabelecer claramente as diferenças entre o exercício do mal como sistema totalitário e como sistema neoliberal, considerando que este último reina em todo o planeta. Fazemos nossas, aqui, as preocupações manifestadas por Primo Levi (1986:40): "Muitos sinais tornam claro que é chegada a hora de explorar o espaço que separa (não somente nos *Lager* nazistas!) as vítimas dos perseguidores (...). Só uma retórica esquemática pode sustentar que esse espaço está vazio: não está jamais, está constelado de figuras abjetas e patéticas (elas possuem às vezes as duas qualidades ao mesmo tempo), as quais é indispensável conhecer se quisermos conhecer a espécie humana, se quisermos saber defender nossas almas no caso de uma provação semelhante vir a se apresentar outra vez, ou se quisermos simplesmente descobrir o que se passa num grande estabelecimento industrial".

Partindo da análise do sofrimento nas situações comuns de trabalho, a psicodinâmica do trabalho vê-se hoje impelida a examinar como tantas pessoas de bem aceitam prestar sua colaboração num novo sistema de gestão empresarial que vai constantemente ganhando terreno nos serviços, na administração do Estado, nos hospitais etc., do mesmo modo que no setor privado. Novo sistema que se baseia na utilização metódica da ameaça e numa estratégia eficaz de distorção da comunicação. Sistema que gera adversidade, miséria e pobreza para uma parcela crescente da população, enquanto o país não para de crescer. Sistema que tem portanto papel importante nas formas concretas que assume o desenvolvimento da sociedade neoliberal.

Não somente há pouca mobilização coletiva contra a injustiça cometida em nome da racionalidade estratégica, como também as pessoas de bem aceitam colaborar em práticas que no entanto elas reprovam e que consistem principalmente, por um lado, em selecionar pessoas para condená-las à exclusão — social e política — e à miséria; e por outro, em usar de ameaças contra os que continuam a trabalhar, valendo-se do poder de incluí-los nas listas de demissões e de cometer contra eles injustiças em menoscabo da lei.

Haverá certamente quem diga que esse sistema nada tem de novo, que já funcionou amplamente no passado e que é antes a limitação imposta na empresa a tais práticas iníquas que constitui, historicamente, uma exceção. É verdade. O que tentamos dar a conhecer — o processo de banalização do mal pelo trabalho — não é novo nem extraordinário. A novidade não está na iniquidade, na injustiça e no sofrimento impostos a outrem mediante relações de dominação que lhe são coextensivas, mas unicamente no fato de que tal sistema possa passar por razoável e justificado; que seja dado como realista e racional; que seja aceito e mesmo aprovado pela maioria dos cidadãos; que seja, enfim, preconizado abertamente, hoje em dia, como um *modelo* a ser seguido, no qual toda empresa deve inspirar-se, em nome do bem, da justiça e da verdade. A novidade, portanto, é que um sistema que produz e agrava constantemente adversidades, injustiças e desigualdades possa fazer com que tudo isso pareça bom e justo. A novidade é a banalização das condutas injustas que lhe constituem a trama.

Não me parece que seja possível evidenciar nenhuma diferença entre banalização do mal no sistema neoliberal (ou num "grande estabelecimento industrial", nas palavras de Primo Levi) e banalização do mal no sistema nazista. A identidade entre as duas dinâmicas concerne à *banalização* e não à *banalidade* do mal, vale dizer, as etapas de um processo capaz de atenuar a consciência moral em face do sofrimento infligido a outrem e de criar um estado de tolerância ao mal.

A elucidação de tal processo não se dá pela análise moral e política, mas pela análise psicológica. Se há uma diferença entre sistema neoliberal e sistema nazista, essa diferença não incide sobre o processo psicológico de banalização do mal entre os colaboradores. Ela se verifica a montante do processo. Situa-se entre os objetivos aos quais a banalização se destina, ou entre as utopias a serviço das quais ela se coloca. No caso do neoliberalismo, o lucro e o poderio econômico são, em última instância, o objetivo visado. No caso do totalitarismo, a ordem e a dominação do mundo são o objetivo. Na racionalização neoliberal da violência, a força e o poder são instrumentos do econômico. Na argumentação totalitária, o econômico é um instrumento da força e do poder. A diferença recresce também a jusante, no que se refere aos meios empregados: intimidação no sistema liberal, terror no sistema nazista.

Voltemos à análise do *processo* de banalização. Parece que ele é o mesmo no neoliberalismo e no nazismo. E tanto num caso quanto noutro, é rigorosamente maléfico e condenável. Antes de voltarmos às características psicológicas do processo, cabe destacar que, se a dinâmica psicológica da banalização é possível, não o é por sua própria natureza, mas porque é induzida, engrenada e mobilizada pelo *trabalho*. Não se trata, pois, de um processo que concerne à psicologia geral, mas especificamente de um processo cuja análise compete à *psicopatologia do trabalho*.

Em que pese aos que pensam que, após o fim da história, será forçoso reconhecer que a "pós-modernidade" anunciará o fim do trabalho, o capitalismo neoliberal continua fundamentalmente centrado na dominação do trabalho e na apropriação das riquezas que este produz. Muito embora o sistema nazista tivesse por objetivo a ordem social e a dominação, isso não impede que sua própria existência se fundamentasse na sua capacidade de pôr milhões de seres humanos para *trabalhar* e de obter deles a coordenação e a cooperação das inteligências e das subjetividades particulares. Inclusive na gigantesca máquina de destruição constituída pelo Exército, a polícia, a administração e a gestão dos campos de concentração e extermínio, como sugere Raul Hilberg (1985).[27] Mas sucede que as relações de trabalho são principalmente relações sociais de desigualdade em que todos se confrontam com a dominação e a experiência da injustiça. Tanto assim que o trabalho pode tornar-se um verdadeiro laboratório de experimentação e aprendizado da injustiça e da iniquidade, quer para os que são suas vítimas, quer para os que são seus beneficiários, quer ainda para os que são alternativamente beneficiários e vítimas.

Isso significa então que o trabalho seja essencialmente e antes de tudo uma máquina para produzir o mal e a injustiça? Não, absolutamente!

---

[27] J. Torrente consagra atualmente uma importante pesquisa à análise do "trabalho atroz". Este ensaio se origina em boa parte das discussões que com ele travei.

O trabalho pode ser também o mediador insubstituível da reapropriação e da realização do ego. O fato é que o trabalho é uma fonte inesgotável de paradoxos. Incontestavelmente, ele dá origem a terríveis processos de alienação, mas pode ser também um possante instrumento a serviço da emancipação, bem como do aprendizado e da experimentação da solidariedade e da democracia.

O elemento decisivo que faz o trabalho propender para o bem ou o mal, no plano moral e político, é o *medo*. Não o medo em geral, mas o medo que se insinua e instala na própria atividade do trabalho. Seja quando essa atividade inspira medo, como no Exército, nas minas, na construção civil, onde o medo *estrutura* o próprio trabalho; seja quando a atividade está *poluída* pelo medo, como na ameaça de precarização utilizada, *larga manu*, nos "grandes estabelecimentos industriais" da atualidade.

O medo, na verdade, é sobretudo uma vivência subjetiva e um sofrimento psicológico. Tal sofrimento, quando atinge certo grau, torna-se incompatível com a continuação do trabalho. Para poder continuar trabalhando apesar do medo, é preciso formular estratégias defensivas contra o sofrimento que ele impõe subjetivamente. Tais defesas vêm sendo amplamente analisadas pela psicodinâmica e a psicopatologia do trabalho há duas décadas. A participação nessas estratégias defensivas torna-se necessária para evitar o risco de que o sofrimento leve o sujeito à crise psíquica e à doença mental. Assim, as estratégias de defesa se mostram benéficas, à primeira vista, ainda que ocasionem por vezes um desvio das condutas, num sentido insólito para o leigo: condutas aberrantes ou paradoxais, frequentemente denunciadas na literatura gerencial, visto que comprometem às vezes a qualidade do trabalho e a segurança.

Visando à "adaptação psicológica" e estando a serviço da racionalidade das condutas no que concerne à preservação do sujeito, tais estratégias podem ter outros efeitos no plano moral-político. Em se tratando da luta contra o medo, elas podem se tornar, como mostramos neste ensaio, um meio eficaz de atenuação da consciência moral e de aquiescência ao exercício do mal. Como se a racionalidade moral se submetesse às exigências da racionalidade pática.

A psicodinâmica do trabalho insiste na contribuição da racionalidade pática para a construção das condutas humanas coletivas. Nessa perspectiva, ela sugere que a relação entre violência e sofrimento não é aquela que geralmente se admite em filosofia. Segundo as concepções convencionais, a violência cria o sofrimento de quem a suporta, sendo a dor e o sofrimento o termo de um processo cujo ponto de não retorno é a morte. A análise da racionalidade pática mostra que a *violência e a injustiça sempre começam por en-*

gendrar antes de tudo um sentimento de medo. O medo é um sofrimento, mas este não marca absolutamente o termo do processo iniciado pelo exercício da violência. O medo pode ser também um ponto de partida: o ponto de partida das estratégias defensivas contra o sofrimento de ter medo, o qual a filosofia ignora porque despreza o medo.

Na filosofia moral, o medo está do lado do mal, sendo tão condenável quanto a fuga. A psicodinâmica do trabalho contesta a condenação unívoca do medo e da fuga. A tradição filosófica opõe ao medo a coragem, que é a resposta da virtude e da razão ao medo. A psicodinâmica do trabalho mostra que, diante do medo, constroem-se também respostas defensivas que concernem à racionalidade pática e não unicamente à razão moral. Mostra igualmente que certas estratégias defensivas contra o medo podem perverter a coragem; e que, entre estas, algumas podem ter consequências trágicas. Pois às vezes elas geram, por seu turno, condutas coletivas que podem se colocar a serviço do mal e da violência, tanto assim que podemos legitimamente nos perguntar se o medo (que aliás pode se manifestar sem que haja violência ou ameaça real e efetiva) não seria ontologicamente anterior à violência, ao contrário da ideia segundo a qual a violência seria antecedente e originaria a infelicidade dos homens.

Em outras palavras, a ética propõe uma resposta global: coragem quer dizer não ter medo. Tal resposta parece insatisfatória. Ela deveria também segmentar-se e fornecer explicações precisas sobre cada etapa de um processo que, embora concernente à racionalidade pática, oferece no entanto algumas oportunidades para o exercício da razão ética.

Somente se pode esperar reação individual e coletiva diante da injustiça infligida a outrem — à feição de solidariedade ou ação política — se o sofrimento e o sentido desse sofrimento forem acessíveis às testemunhas. Em outras palavras, a mobilização depende principalmente da natureza e da inteligibilidade do drama vivido pela vítima da injustiça, da violência e do mal. Porém o sentido do drama é ainda insuficiente para mobilizar uma ação coletiva contra o sofrimento, a injustiça e a violência. Para tanto é necessário não apenas que o drama e a intriga sejam compreensíveis, mas também que ocasionem o sofrimento da testemunha, que lhe despertem compaixão. Somente então o sofrimento acarreta sofrimento para o sujeito que percebe. Esse é um elemento essencial à formação de uma vontade de agir contra a injustiça e o sofrimento infligidos a outrem. A compaixão não depende apenas da natureza do drama, mas também dos meios empregados para comover a testemunha, para atingir-lhe a sensibilidade. Trata-se, pois, da dramaturgia ou da retórica de apresentação, ou ainda da "encenação — no sentido que Goffman (1973) confere ao termo — do drama a ser compreendido.

A análise do processo de banalização do mal, graças ao qual as pessoas de bem, mesmo dotadas de senso moral, se colocam a serviço da injustiça e do mal contra outrem, revela assim a importância da dimensão subjetiva-pática na organização de suas condutas. Tal análise advoga igualmente a aceitação da existência de uma *racionalidade pática* que deveria ser legitimada inclusive na teoria da ação e cujo desconhecimento ou subestimação talvez explique as dificuldades encontradas em nossas sociedades para vencer a extraordinária tolerância social ao agravamento da injustiça e da adversidade que afligem um número crescente de nossos concidadãos.

A análise que empreendemos neste ensaio conduz a conclusões insólitas no que concerne à natureza da ação.[28] A ação tem uma estrutura triádica: ação, trabalho e sofrimento aí se intrincam inevitavelmente, ainda que cada um dos três termos seja irredutível aos dois outros.

A ação, para adquirir sua forma concreta e atingir a eficácia, precisa necessariamente do trabalho. A *práxis*, em outras palavras, não pode prescindir da *poíesis*. Já o trabalho, ao contrário do que supõem a tradição filosófica e a teoria da ação, não depende senão da *téchne*. O trabalho, na medida em que implica a cooperação voluntária dos agentes, convoca também os que trabalham a investir na construção de regras que cumprem um papel não só em relação ao trabalho, mas também à vida em comum. Pois trabalhar não é apenas dedicar-se a uma *atividade*, mas também estabelecer relações com outrem. Assim, a *poíesis* às vezes convoca a *phronesis* ao teatro do trabalho.

Ao não reconhecer o intrincamento de ação e trabalho, a teoria se priva dos meios analíticos necessários para compreender o consentimento e a colaboração das massas no exercício do mal. Pois se, *conceitualmente*, ação e trabalho não são redutíveis um ao outro, nas situações *concretas*, quando se reúnem certas condições particulares, os dois termos podem sofrer um processo de redução.

---

[28] Por ação entendemos aqui a ação moral ou política, aquela que concerne exclusivamente à *práxis* e que pressupõe ao mesmo tempo a deliberação, a escolha entre diversas possibilidades, bem como o risco de erro, e por fim a orientação para outrem ou o fato de que ela implica outrem no mundo social (e não somente outrem no mundo privado).

Toda ação implica uma parte de trabalho, mas o sujeito da ação pode se achar tão ocupado com o que lhe exigem o trabalho e a atividade, que acaba por perder aí sua relação consciente com a ação. Sendo assim, ele pode também preferir, por motivos que não se refiram nem ao trabalho nem à ação, reduzir seu campo de consciência à dimensão poiética, a fim de não mais ficar disponível à dimensão propriamente práxica. A ação implica atividade, e a redução da atividade pode não resultar da estafa, do embrutecimento ou da prostração, mas de uma estratégia defensiva contra o sofrimento na ação, estratégia defensiva que consiste em reduzir voluntariamente o campo da consciência à atividade.

Não apenas ação e trabalho são indissociáveis, como resta ainda um termo para concluir a tríade: o sofrimento. Quem age assume riscos: enganar-se, cometer um erro, fracassar, desmoralizar-se, ser punido, desmascarado, condenado etc. A tais riscos reage uma vivência subjetiva do pático: para lutar contra o medo e mitigar seu sofrimento, sem todavia se furtar à ação engajada, o sujeito pode recorrer a estratégias defensivas. Estas geralmente passam pelo retraimento da consciência obtido mediante a redução da ação à atividade. Agir é pois trabalhar, mas também é sofrer. Por não querer levar em conta a dimensão carnal-subjetiva da ação, a reflexão filosófica carece dos instrumentos indispensáveis para compreender não apenas de que é feita a monstruosidade de Eichmann, mas sobretudo como é possível levar progressivamente a maioria das pessoas de um país a infligir injustiça, sofrimento e violência a outrem, e a portar-se, *a minima aut ad libitum*, como Eichmann, fazendo calar o senso moral.

Mais uma vez, isso não significa que aqui a racionalidade pática da ação exclua a racionalidade moral-prática, nem que a análise deva ser deslocada da teoria política para a teoria psicopatológica, como costumam fazer, é verdade, os psicólogos e especialmente os psicanalistas. O que se quer saber não é como o pático consegue suplantar a consciência moral, e sim como chega a adquirir influência sobre ela, alterando-lhe o funcionamento.

É que a ação não é somente moral. Para acontecer, ela deve encarnar-se, e não raro a filosofia da ação carece de uma teoria da encarnação, no sentido particularmente pertinente em que esse conceito foi proposto por Fernandez-Zoïla (1995).

Hannah Arendt, cujos trabalhos sobre a banalidade do mal inspiraram este ensaio, opõe, em *The human condition*, a ação à obra e sobretudo ao trabalho. A análise que empreendemos nos leva a apoiar-nos nessa oposição para tentar superá-la. A oposição *analítica* conserva toda a sua pertinência mesmo quando chegamos ao termo da investigação do processo de banalização do trabalho. Em compensação, do ponto de vista teórico, a filosofia da ação ganharia não hipostasiando os termos que a análise separa e não perdendo de vista o intrincamento, ou mesmo a *síntese*, de trabalho e ação que nos sugere a investigação clínica do mundo ordinário.

Com relação à concepção arendtiana da ação, estaríamos propensos a exigir que não mais se excluísse da análise a *dimensão pática*. Na verdade, a ação jamais é pura. Ela implica sempre uma parte de paixão que o teórico tende a eufemizar e cujas influências, no entanto, são muito grandes no exercício da razão prática. A ação — pelo menos é isso que nos diz a análise da banalização do mal — é sempre uma *tríade*: ação, atividade e paixão. Não existe ação consequente sem trabalho, e não existe ação sensata sem sofrimento. Quem quer agir racionalmente deve preparar-se para trabalhar; deve também ser capaz de aguentar o sofrimento, pois, para agir, é preciso também ter condições de suportar a paixão e de experimentar a compaixão, as quais estão na própria origem da faculdade de pensar ou, como diria Hannah Arendt, da "vida do espírito".

Bibliografia

Anscombe, G. E. M. Under a description. In: *The collected philosophical papers*. Oxford, Basil Blackwell, 1979. (V. 2: Metaphysics and the philosophy of mind.)

Arendt, H. Social science, technics and the study of concentration camps. *Jewish Social Studies*, 12:49-64, 1950. Trad. francesa: *Auschwitz et Jérusalem*. Paris, Deux Temps/Tierce, 1991.

———. *The human condition*. University of Chicago Press, 1958. Trad. francesa: *Condition de l'homme moderne*. Paris, Calmann-Lévy, 1961.

———. *Eichmann in Jerusalem*. New York, Viking, 1963. Trad. francesa: *Eichmann à Jérusalem. Rapport sur la banalité du mal*. Paris, Gallimard, 1966.

———. *Crises of the Republic*. New York, Harcourt Brace Jovanovich, 1969. Trad. francesa: *Du mensonge à la violence*. Paris, Calmann-Lévy, 1972.

———. *The life of the mind*. New York, London, Harcourt Brace Jovanovich, 1978. Trad. francesa: *La vie de l'esprit*. Paris, PUF, 1981 e 1983. 2t.

Begoin, J. La névrose des téléphonistes et des mécanographes. Paris, Faculté de Médecine, 1957. (Thèse.)

Birraux, C. *Rapport sur le contrôle de la sûreté et de la sécurité des installations nucléaires*. Office Parlementaire d'Évaluation des Choix Scientifiques et Technologiques, 1995.

Böhle, F. & Milkau, B. *Vom Handrad zum Bildschirm*. München, Campus, Institut für Sozialwissenschaftliche Forschung e.v. ISF, 1991.

Boltanski, L. *La souffrance à distance*. Paris, Anne-Marie Métailié, 1993.

Bonnafé, L.; Follin, S.; Kestemberg, J.; Kestemberg E., Lebovici, S.; Le Guillant, L.; Monnerot, D. & Shentoub, S. La psychanalyse, idéologie réactionnaire. *Nouvelle Critique*, 1949. Trechos publicados em *Société Française*, 23:21-4, 1987.

Browning, C. *Ordinary men*. New York, Harper & Collins, 1992. Trad. francesa: *Des hommes ordinaires. Le 101ᵉ bataillon de réserve de la police allemande et la solution finale en Pologne*. Paris, Les Belles Lettres, 1994.

Canino, R. La sublimation dans la construction de l'identité sexuelle à l'adolescence. *Adolescence*, 14:55-71, 1996.

Clot, Y. *Le travail sans l'homme? Pour une psychologie des milieux de travail et de vie*. Paris, La Découverte, 1995.

Cottereau, A. Plaisir et souffrance, justice et injustice sur les lieux de travail, dans une perspective socio-historique. In: Dejours, C. (dir.) *Plaisir et souffrance dans le travail*. Aocip, 1988. t. 2, p. 37-82. (Publié avec le concours du CNRS.)

Cours-Salies, P. (dir.) *La liberté du travail*. Paris, Syllepse, 1995.

Crespo-Merlo, A. R. Technologie de l'information, maladies du travail et contre-pouvoir ouvrier. Université Paris-VII, 1996. (Thèse de Doctorat.)

Daniellou, F.; Laville, A. & Teiger, C. Fiction et réalité du travail ouvrier. *Les Cahiers Français*, 209:39-45, 1983. (La documentation française.)

Davezies, P. Travail et santé mentale: point de vue épistémologique. *Arch. mal. prof.*, Rouen, 52:282-6, 1990. (Communication aux XXIèmes Journées de Médecine du Travail.)

De Bandt, J.; Dejours, C. & Dubar, C. *La France malade du travail*. Paris, Bayard, 1995. 207p.

————— & Sipek, K. *Une structure industrielle optimale pour la France*. Paris, Cujas, 1979.

Dejours, C. *Le corps entre biologie et psychanalyse. Essai d'interprétation comparée*. Paris, Payot, 1986.

—————. Adolescence: le masculin entre sexualité et societé. *Adolescence*, 6:89-116, 1988.

—————. Pathologie de la communication, situations de travail et espace public: le cas du nucléaire. In: Cottereau, A. & Ladrière, P. (dirs.) *Raisons pratiques*, 3. Paris, École des Hautes Études en Sciences Sociales, 1992. p. 177-201.

—————. Intelligence ouvrière et organisation du travail. In: Hirata, H. (dir.) *Autour du "modèle" japonais de production. Automatisation, nouvelles formes d'organisation et de relations de travail*. Paris, L'Harmattan, 1993a. 303p.

———. De la psychopathologie à la psychodynamique du travail. In: *Travail, usure mentale*. 2 ed. Paris, Bayard, 1993b. 263p. p. 183-204.

———. Le travail comme énigme. *Sociologie du Travail*, HS/94, 1994. p. 35-44.

———. *Le facteur humain*. Paris, PUF, 1995. 128p. (Que sais-je?) [Trad. brasileira: *O fator humano*. Rio de Janeiro, Fundação Getulio Vargas, 1997.]

———. "Centralité du travail" et théorie de la sexualité. *Adolescence*, 14:9-29, 1996.

——— & Doppler, F. Organisation du travail, clivage et aliénation. In: Dejours, C.; Veil, C. & Wisner, A. (dirs.) *Psychopathologie du travail*. Paris, Enterprise Moderne d'Édition, 1985. (Publié avec le concours du CNRS.)

Dessors, D. & Jayet, C. Méthodologie et action en psychopathologie du travail (A propos de la souffrance des groupes de réinsertion médico-sociale). *Prévenir*, 20:31-43, 1990.

Detienne, M. & Vernant, J.-P. *Les ruses de l'intelligence. La metis chez les grecs*. Paris, Flammarion, 1974.

Doniol-Shaw, G.; Huez, D. & Sandret, N. Les intermittents du nucléaire. Toulouse, Octares, 1995. (Enquête STED sur le travail en sous-traitance dans la maintenance des centrales nucléaires.)

Fernandez-Zoïla, A. *La chair e les mots*. Grenoble, La Pensée Sauvage, 1995.

Flynn, B. C. Reading Habermas, reading Freud. *Human Studies*, 8:57-76, 1985.

Forrester, V. *L'horreur économique*. Paris, Fayard, 1996.

Freyssenet, M. (dir.) Les énigmes du travail. *Sociologie du travail*. Dunod, HS 36, 1994. 125p.

Goffman, E. *The presentation of self in every day life*. New York, Doubleday Anchor, 1973. Trad. francesa: *La mise en scène de la vie quotidienne*. Paris, Minuit, 1973. (Tome 1: La présentation de soi.)

Gorz, A. Bâtir la civilisation du temps libéré. *Le Monde Diplomatique*, 468: 13, mars, 1993.

Habermas, J. *Theorie des kommunikativen Handels*. Frankfurt am Main, Suhrkamp, 1981. Trad. francesa: *Théorie de l'agir communicationnel*. Paris, Fayard, 1987.

Henry, M. *Philosophie et phénoménologie du corps*. Paris, PUF, 1965.

Hilberg, R. *The destruction of the European Jews*. New York, Holmes & Meier, 1985. Trad. francesa: *La destruction des juifs d'Europe*. Paris, Fayard, 1988.

Hirata, H. *Autour du "modèle" japonais de production. Automatisation, nouvelles formes d'organisation et de relations de travail*. Paris, L' Harmattan, 1993. 303p.

——— & Kergoat, D. Rapports sociaux de sexe et psychopathologie du travail. In: Dejours, C. (dir.) *Plaisir et souffrance dans le travail*. Aocip, 1988. t. 2, p. 131-76.

Hodebourg, J. *Le travail c'est la santé? Perspectives d'un syndicaliste*. Paris, Sociales/V. O., 1993. 240p.

Huez, D. Une situation de décompensation psychopathologique collective aiguë dans un service de 75 personnes. *Actes du CIPPT*. Paris, Laboratoire de Psychologie du Travail, Cnam, 1997. 2t. (Communication au Coloque International de Psychodynamique et Psychopathologie du Travail, Paris, 30-31 jan. 1997.)

Kergoat, J. (dir.) Peut-on changer le travail? *Politis La Revue*, 7:1-84, 1994.

Labbé, C. & Recassens, O. Nucléaire rien ne va plus. *Sciences et Avenir*, avr. 1997. p. 77-92.

Ladrière, P. & Gruson, C. *Éthique et gouvernabilité*. Paris, PUF, 1992.

Lallier, M. *Sous-traitance. Le cas du nucléaire*. Avoine, Syndicat CGT du CNP de Chinon, 1995.

Laplanche, J. *La révolution copernicienne inachevée*. Paris, Aubier, 1992.

———. Le prégénital freudien à la trappe. *Revue Française de Psychanalyse*, 71, 1997.

——— & Pontalis, J.-B. *Vocabulaire de la psychanalyse*. Paris, PUF, 1967.

Leclaire, S. *On tue un enfant*. Paris, Seuil, 1975. p. 25-50.

Le Guillant, L. *Quelle psychiatrie pour notre temps?* Toulouse, Eres, 1985.

Levi, P. *Se questo è un uomo*. Torino, Einaudi, 1958. Trad. francesa: *Si c'est un homme*. Paris, Julliard, 1987.

———. *I sommersi e i salvati*. Torino, Einaudi, 1986. Trad. francesa: *Les naufragés et les rescapés. Quarante ans après Auschwitz*. Paris, Gallimard, 1989.

Linhart, R. *L'établi*. Paris, Minuit, 1978.

Llory, M. & Llory, A. Description gestionnaire et description subjective: des discordances (Le cas d'une usine de montage d'automobile). *Revue Internationale de Psychosociologie*, 5:33-52, 1996.

Mac Dougall, J. *Théâtres du je*. Paris, Gallimard, 1982.

Marty, P. *Mouvements individuels de vie et de mort. Essai d'économie psychosomatique*. Paris, Payot, 1976.

——— & M'Uzan, M. de. La pensée opératoire. *Revue Française de Psychanalyse*, 27:345-56, 1963.

Meda, D. *Le travail. Une valeur en voie de disparition*. Paris, Alto Aubier, 1995.

Mendel, G. *La conduite des tranches nucléaires. La dimension des facteurs humains et son incidence sur la sûreté*. 1989. (Rapport d'étude pour EDF-GDF — Département ESF. 345p.)

Merleau-Ponty, M. *Phénoménologie de la perception*. Paris, Gallimard, 1945.

Messing, K.; Doniol-Shaw, G. & Haënjens, C. Sugar and spice: health effects of the sexual division of labour among train cleaners. *Int. J. Health Services*, 23(1):133-46, 1993.

Miller, A. *Am Anfang war Erziehung*. Frankfurt am Main, Suhrkamp, 1980. Trad. francesa: *C'est pour ton bien*. Paris, Aubier, 1983.

Molinier, P. *Psychodynamique du travail et identité sexuelle*. Paris, Conservatoire National des Arts et Métiers, 1995. 273p. (Thèse de Psychologie.)

———. Autonomie morale subjective et construction de l'identité sexuelle: l'apport de la psychodynamique du travail. *Revue Internationale de Psychosociologie*, 5:53-62, 1996.

Morice, A. Des objectifs de production de connaissances aux orientations méthodologiques: une controverse entre anthropologie et psychodynamique du travail. *Revue Internationale de Psychosociologie*, 5:143-60, 1996.

Moscovitz, J.-J. Approche psychiatrique des conditions de travail. *L'Évolution Psychiatrique*, 36:183-221, 1971.

Nyiszli, M. *Médecin à Auschwitz*. Paris, Julliard, 1961.

Paroles (coll.). *Souffrances et précarité au travail. Paroles de médecins du travail*. Paris, Syros, 1994.

Perechodnik, C. *Czy ja jéstem morderca?* Karta, 1993. Trad. francesa: *Suis-je un meutrier?* Paris, Liana Levi, 1995.

Périlleux, T. *Expressions et interprétations des souffrances morales au travail*. Paris, École des Hautes Études en Sciences Sociales, 1994. (Mémoire de DEA de Sociologie.)

Pharo, P. *L'injustice et le mal*. Paris, L'Harmattan, 1996. p. 17-62.

Pottier, C. Oui, la mondialisation accroît le chômage et les inégalités. *Le Monde*, 4-11-1997. p. V. (Supplément Initiatives.)

Rebérioux, M. (dir.) Mouvement ouvrier et santé. Une comparaison internationale. *Prévenir*, 18/19, 1989.

————. La citoyenneté sociale. *Le Monde*, 21-4-1993. (Supplément Initiatives.)

Revault d'Allones, M. Vers une politique de la responsabilité. Une lecture de Hannah Arendt. *Esprit*, 202:49-61, 1994.

Ricœur, P. Individu et identité personnelle. In: *Sur l'individu*. Paris, Seuil, 1987. p. 54-72.

Schotte, J. Le dialogue Binswanger-Freud et la constitution actuelle d'un psychiatrie scientifique. In: Fédida, P. (dir.) *Phénoménologie, psychiatrie, psychanalyse*. Paris, Écho-Centurion, 1986. p. 55-77.

Sigaut, F. Folie, réel et technologie. *Techniques et Culture*, 15:167-79, 1990.

————. Aperçus sur l'histoire de la technologie en tant que science humaine. *Actes et Communications*, Inra, 6:67-79, 1991.

Smoes, E. Du mythe à la raison. In: *Autrement: le courage*. 1992. p. 18-31. (Série Morales, 6.)

Sofsky, W. *Die Ordnung des Terrors. Das Konzentrationlager*. Fischer, 1993. Trad. francesa: *L'organisation de la terreur*. Paris, Calmann-Lévy, 1995. p. 38.

Stoller, R. A contribution to the study of gender identity. *Int. J. Psycho-Anal*, 45:220-6, 1964.

Supiot, A. Le travail, liberté partagée. *Droit Social*, 9/10:715-24, 1993.

Thébaud-Mony, A. *L'envers des societés industrielles. Approche comparative franco-brésilienne*. Paris, L'Harmattan, 1990.

Wallraff, G. *Ganz unten*. Koln, Kiepenheuer und Witsch, 1985. Trad. francesa: *Tête de turc*. Paris, La Découverte, 1986.

Welzer-Lang, D. *Les hommes violents*. Paris, Lierre et Coudrier, 1991.

Wisner, A. Situated cognition and action: implications for ergonomic work analysis and anthropotechnology. *Ergonomics*, 38:1.542-57, 1995.

Zerbib, J.-C. Ce qui a pu se passer à Forbach. *Santé-Travail*, 3:12-9, 1992.

Relatórios de estudo do Laboratório de Psicologia do Trabalho

Davezies, P.; Bensaid, A. & Canino, R. *Les répercussions des réformes de structure sur les agents de la distribution.* Agence EDF-GDF de Villejuif. 1993. 33p. (Rapport d'enquête de psychodynamique du travail — confidentiel.)

———— & Molinier, P. *Rapport sur la souffrance des intervenants de l'Agence Nationale pour l'Amélioration des Conditions de Travail.* 1993. 34p. (Rapport d'enquête de psychodynamique du travail — confidentiel.)

Dejours, C. *Rapport sur l'analyse des rapports santé mentale/travail chez les opérateurs de la maintenance des centrales nucléaires.* Convention avec le Centre de Production Nucléaire de Chinon. 1991. 42p. (Confidentiel.)

————. *Commentaire scientifique des trois rapports d'enquête de psychodynamique du travail réalisés à la demande du CNHSCT d'EDF-GDF.* 8-10-1993. 25p. (Rapport confidentiel.)

———— & Dessors, D. *Répercussions des réformes de structure sur les agents de la distribution (Sambre-Avesnois).* 25-3-1993. 35p. (Rapport d'enquête de psychodynamique du travail, presenté au CNHSCT — confidentiel.)

———— & Jayet, C. *Psychopathologie du travail et organisation réelle du travail dans une industrie de process.* 1991. 50p. (Rapport ronéoté, Ministère de la Recherche, comité Homme-Travail-Technologie.)

———— & Torrente, J. *Analyse comparative de l'organisation du travail dans une maison de retraite: sociologie des organisations et psychodynamique du travail.* 1995. 150p. (Rapport ronéoté, Mire, nº 26/93, convention CGT-CNRS.)

Dessors, D.; Billiard, I.; Cru, D. & Davezies, P. *Les répercussions des réformes de structure sur les agents de la distribution (agence Sambre-Avesnois).* 1993. 23p. (Rapport d'enquête de psychodynamique du travail — confidentiel.)

———— & Guiho-Bailly, M.-P. *Enquête de psychodynamique du travail menée avec les assistantes sociales des personnels de l'éducation nationale.* 1996. 27p. (Rapport ronéoté, convention: Éducation Nationale/NEB, Saimafor: JPEA50B, début 1994-fin 1996 — confidentiel.)

———— & Jayet, C. *Rapport d'enquête de psychopathologie du travail auprès de l'équipe de réinsertion d'un centre médico-social.* 1988. 32p. (Confidentiel.)

———— & Torrente, J. *Enquête de psychodynamique du travail auprès des agents d'encadrement de l'Insee (réunis autour du projet MVRH de soutenir l'insertion de salariés en situation d'échec au travail).* 1996. 23p. (Rapport ronéoté, Insee, convention: Insee/Aocip, début 1994-fin 1996 — confidentiel.)

Llory, M.; Llory, A. & Dejours, C. *L'acceptabilité sociale des chaînes à 60 véhicules/ heure.* 1994. 60p. (Rapport confidentiel.)

Molinier, P. & Dessors, D. *Les répercussions des réformes de structure sur les agents de la distribution (agence EDF-GDF de Villejuif).* Jui. 1993. 46p. (Rapport d'enquête de psychodynamique du travail — confidentiel.)

———— & Flottes-Lerolle, A. *Enquête de psychodynamique du travail. Les répercussions des réformes de structure sur la santé des agents du centre de distribution EDF-GDF Lorraine Trois-Frontières.* 1997. (Rapport ronéoté, convention: EDF-GDF/NEB — confidentiel.)

Índice temático

Ação, 17, 23, 24, 25, 36, 81, 142, 143, 144
Alienação, 33, 37, 97, 141
Ameaça, 13, 50, 54, 57, 64, 74, 76, 101
Banalização do mal, 21, 22, 27, 45, 77, 78, 82, 96, 98-9, 106, 109, 110, 111, 119, 122, 125, 126, 133, 138, 139, 140, 145
Descrições gerencial e subjetiva, 49, 50, 52, 53, 71
Dominação, 17, 81, 84, 85, 97, 105, 139, 140
Estratégia de defesa, 18, 22, 35, 36, 84-90, 98, 101-5, 118-22, 125, 127, 141
Guerra econômica, 13-8, 91, 94, 117, 133
Identidade, 19, 34, 80, 87, 88
Injustiça, 5, 18-20, 23-7, 37, 53, 73, 74-6, 87, 100, 107, 134, 140
Mal, 22, 36, 76-9, 84, 88, 98, 99, 106, 116, 133, 134, 137, 138, 142, 143
Medo, 18, 19, 28, 50, 51, 52, 55, 57, 58, 77, 85, 86, 95, 100-5, 118, 119, 127, 130, 131, 135, 141, 142

Normopatia, 115, 118, 124, 137
Pático, 35, 45, 81, 82, 84, 134, 141-5
Política, 17, 19, 21, 23, 25, 36, 37, 43, 122, 134, 135, 142
Psicodinâmica do trabalho, 20, 21, 29, 35, 36, 38, 97, 99, 102, 103, 118
Real do trabalho, 29, 33, 53, 55, 74
Reconhecimento, 33, 34, 80, 85, 89, 97, 99, 100
Resistência, 47, 48, 51, 100, 104, 131
Responsabilidade, 20, 21-3, 31, 32, 94, 142, 143
Sofrimento, 5, 17-21, 23-9, 31-6, 38, 40, 43, 44, 54, 71, 72, 100, 127-30, 143, 144
Subjetividade, 38-40, 49, 50, 141, 143
Sublimação, 98-100
Suicídio, 33, 44, 45, 123
Sujeito, 17, 29, 45, 119, 144
Trabalho, 17-8, 28, 29, 33, 34, 37, 41, 46, 50, 99-102, 111, 119, 132-3, 140, 143
"Trabalho sujo", 78, 82, 88-95, 106
Virilidade, 81-6, 100-5, 130-5
Zelo, 30, 44, 55-7, 75, 89, 113, 137

Índice de autores

Anscombe, G., 49
Arendt, H., 21, 22, 23, 88, 99, 109, 111, 115, 116, 117, 119, 121, 134, 137, 144, 145
Begoin, J., 35, 38
Birraux, A., 52
Böhle, F., 30, 64
Boltanski, L., 11, 135
Bonnafé, L., 39
Browning, C. 80, 86, 99
Canino, R., 132
Clot, Y., 61
Cottereau, A., 97
Cours-Salies, P., 42
Crespo-Merlo, A., 38
Daniellou, F., 29, 61
Davezies, P., 63
De Bandt, J., 23, 41
Dejours, C., 30, 31, 34, 50, 62, 63, 79
Dessors, D., 28, 91
Detienne, M., 30
Doniol-Shaw, G., 52, 134
Doppler, F., 118
Dubar, C., 42
Fernandez-Zoïla, A., 144
Flynn, B., 20
Freyssenet, M., 41
Goffman, E., 143

Gruson, C., 15
Habermas, J., 61, 63, 68
Henry, M., 29
Hilberg, R., 140
Hirata, H., 52, 101, 131
Hodebourg, J., 38
Huez, D., 52, 123
Jayet, C., 91
Kergoat, D., 101, 131
Kergoat, J., 42
Labbé, C., 52
Ladrière, P., 15
Lallier, M., 67
Laplanche, J., 85
Laville, A., 29, 61
Leclaire, S., 101
Le Guillant, L., 21, 38
Levi, P., 58, 126, 138, 139
Linhart, R., 38
Llory, A., 49
Llory, M., 49
Mac Dougall, J., 115
Mendel, G., 30
Messing, K., 121
Milkau, B., 30, 64
Miller, E., 132
Molinier, P., 85, 91, 102, 131
Moscovitz, J.-J., 38

Nyiszli, M., 58
Paroles, 134
Périlleux, T., 135
Perechodnik, C., 58, 121
Pharo, P., 36, 45, 135, 137
Pottier, C., 42
Rebérioux, M., 38, 43
Recassens, O., 52
Revault d'Allones, M., 23
Sandret, N., 52
Schotte, J., 115
Sigaut, F., 33, 61
Sipek, V., 23

Smoes, E., 130
Sofsky, W., 51, 52, 110, 121
Stoller, R., 85
Supiot, A., 25
Teiger, C., 29, 61
Terêncio, 120
Thébaud-Mony, A., 98
Torrente, J., 28, 59, 140
Vernant, J.-P., 30
Wallraff, G., 134
Welzer-Lang, D., 134, 135
Wisner, A., 61
Zerbib, J.-C., 96

Este livro foi impresso nas oficinas gráficas da Editora Vozes Ltda.,
Rua Frei Luís, 100 – Petrópolis, RJ.